Obra Completa de C.G. Jung
Volume 11/6

Escritos diversos
(dos volumes 10 e 11)

Comissão responsável pela organização do lançamento da Obra Completa de C.G. Jung em português:
Dr. Léon Bonaventure
Dr. Leonardo Boff
Dora Mariana Ribeiro Ferreira da Silva
Dra. Jette Bonaventure

A comissão responsável pela tradução da Obra Completa de C.G. Jung sente-se honrada em expressar seu agradecimento à Fundação Pro Helvetia, de Zurique, pelo apoio recebido.

Dados Internacionais de Catalogação na Publicação (CIP)
(Câmara Brasileira do Livro, SP, Brasil)

Jung, Carl Gustav, 1875-1961.
    Escritos diversos : (dos volumes 10 e 11) / Carl Gustav Jung ; tradutores: Eva Stern, Lúcia Orth. – 3. ed. – Petrópolis, RJ: Vozes, 2012.
    Título original: Verschiedenes

    14ª reimpressão, 2022.

    ISBN 978-85-326-2860-2
    Bibliografia.
    1. Jung, Carl Gustav, 1875-1961 2. Psicologia junguiana I. Título.

03-1522   CDD-150.1954

Índices para catálogo sistemático:
1. Jung : Psicanálise : Psicologia 150.1954

C.G. Jung

Escritos diversos

11/6

EDITORA
VOZES

Petrópolis

© 1971 e 1974, Walter-Verlag AG Ölten

Tradução realizada a partir do original em alemão intitulado
Verschiedenes (Band 10 e 11)

Editores da edição suíça:
Marianne Niehus-Jung
Dra. Lena Hurwitz-Eisner
Dr. Med. Franz Riklin
Lilly Jung-Merker
Dra. Fil. Elisabeth Rüf

Direitos exclusivos de publicação em língua portuguesa:
2003, Editora Vozes Ltda.
Rua Frei Luís, 100
25689-900 Petrópolis, RJ
www.vozes.com.br
Brasil

Todos os direitos reservados. Nenhuma parte desta obra poderá ser reproduzida ou transmitida por qualquer forma e/ou quaisquer meios (eletrônico ou mecânico, incluindo fotocópia e gravação) ou arquivada em qualquer sistema ou banco de dados sem permissão escrita da editora.

CONSELHO EDITORIAL

Diretor
Gilberto Gonçalves Garcia

Editores
Aline dos Santos Carneiro
Edrian Josué Pasini
Marilac Loraine Oleniki
Welder Lancieri Marchini

Conselheiros
Francisco Morás
Ludovico Garmus
Teobaldo Heidemann
Volney J. Berkenbrock

Secretário executivo
Leonardo A.R.T. dos Santos

Tradução: Eva Stern e Lúcia Mathilde Endlich Orth
Revisão literária: Orlando dos Reis
Revisão técnica: Dra. Jette Bonaventure

Diagramação: AG.SR Desenv. Gráfico
Capa: 2 estúdio gráfico

ISBN 978-85-326-2424-6 (Obra Completa de C.G. Jung)

ISBN 978-85-326-2860-2 (Brasil)
ISBN 3-530-4011-9 (Suíça)

Este livro foi composto e impresso pela Editora Vozes Ltda.

Sumário

Prefácio da edição alemã, 7
Escritos diversos do vol. 10, 11
 Prefácio (1933), 13
 Atualidades (1934), 15
 Carta circular (1934), 25
 Editorial (1935), 27
 Nota do editor (1935), 33
 Saudação ao oitavo congresso médico geral em Bad Nauheim (1935), 35
 Votum CG. Jung (1935), 39
 Saudação ao nono congresso médico internacional de psicoterapia em Copenhague (1937), 43
 Saudação ao décimo congresso médico internacional de psicoterapia em Oxford (1938), 47

Escritos diversos do vol. 11, 51
 Prefácio ao livro de Victor White: Deus e o Inconsciente, 53
 Prefácio ao livro de Z. Werblowsky: Lúcifer e Prometeu, 65
 Bruder Klaus, 71
 Relações entre a Psicoterapia e a Direção Espiritual, 81
 Psicanálise e direção espiritual, 105
 Resposta a Martin Buber, 113
 1. Sobre o livro *Psicologia e religião*, 121

2. O bem e o mal na Psicologia Analítica, 123
3. Sobre o problema do símbolo do Cristo, 138
4. Sobre o livro *Resposta a Jó* (1), 142
5. Sobre o livro *Resposta a Jó* (2), 143
6. Texto resumido sobre a primeira edição de *Resposta a Jó*, 1952, 144
7. De uma carta a um teólogo protestante, 144
8. Carta a *The Listener*. Janeiro de 1960, 145
9. Sobre o livro *Die Reden Gotamo Buddhos* (*Sermões de Gotama Buda*), 147

Referências, 151

Índice onomástico, 155

Índice analítico, 157

Prefácio da edição alemã

A problemática religiosa ocupa um lugar central na obra de C.G. Jung. Quase todos os seus escritos, especialmente os dos últimos anos, tratam do fenômeno religioso. O que Jung entende por religião não se vincula a determinadas confissões. Trata-se, como ele próprio diz, de "uma observação acurada e conscienciosa daquilo que Rudolf Otto chamou de *numinosum*. Esta definição vale para todas as formas de religião, inclusive para as primitivas, e corresponde à atitude respeitosa e tolerante de Jung em relação às religiões não cristãs.

O maior mérito de Jung é o de haver reconhecido, como conteúdos arquetípicos da alma humana, as representações primordiais coletivas que estão na base das diversas formas de religião.

O homem moderno sente, cada vez mais, falta de apoio nas confissões religiosas tradicionais. Reina atualmente uma grande incerteza no tocante a assuntos religiosos. A nova perspectiva desenvolvida por Jung nos permite uma compreensão mais profunda dos valores tradicionais e confere um novo sentido às formas cristalizadas e esclerosadas.

Em *Psicologia e religião* Jung se utiliza de uma série de sonhos de um homem moderno, para nos revelar a função exercida pela psique inconsciente, e que lembra a alquimia. No trabalho sobre o "Dogma da Trindade", mostra-nos determinadas semelhanças da teologia régia do Egito, assim como das representações babilônicas e gregas, com o cristianismo, e no estudo sobre o ordinário da missa usa ritos astecas e textos dos alquimistas como termos de comparação.

Na *Resposta a Jó* se ocupa, comovido e apaixonado, ao mesmo tempo, da imagem ambivalente de Deus, cuja metamorfose na alma humana pede uma interpretação psicológica.

Baseando-se no fato de que muitas neuroses têm um condicionamento religioso, Jung ressalta nos ensaios sobre "A relação entre a psicoterapia e a pastoral" e "Psicanálise e pastoral" a necessidade da colaboração entre a psicologia e a teologia.

A segunda parte do volume reúne, sobretudo, os comentários e prefácios a escritos religiosos do Oriente. Estes trabalhos nos mostram, em essência, os confrontos e comparações entre os modos e formas de expressão do Oriente e do Ocidente.

O prefácio ao I Ching, livro sapiencial e oracular chinês, proveniente de tempos míticos imemoriais, também foi incorporado ao presente volume. Tendo em vista que um oráculo sempre tem alguma relação com o maravilhoso, o numinoso, e como, de acordo com a antiga tradição, os ensinamentos das sentenças oraculares do I Ching devem ser consideradas "acurada e conscienciosamente", é fácil perceber sua relação íntima com o religioso. O prefácio em questão é importante no conjunto da obra de Jung, por tratar da natureza e da validade do oráculo em si, tocando assim a região dos acasos significativos que devem ser interpretados não somente à luz do princípio da causalidade, mas também segundo o princípio derivado da sincronicidade.

O volume vem acrescido de um apêndice, que não figura na edição inglesa*. Trata-se, no caso, de escritos em que Jung responde de maneira um tanto pessoal a perguntas a respeito de problemas religiosos, contribuindo, deste modo, para um ulterior esclarecimento dos temas tratados na parte principal do volume.

Numa entrevista dada à televisão inglesa, ao lhe perguntarem se acreditava em Deus, Jung respondeu: "I do not believe, I know". Esta curta frase desencadeou uma avalanche de perguntas, de tal proporção, que ele foi obrigado a manifestar-se a respeito, numa carta dirigida ao jornal inglês de rádio e televisão *The Listener*. É digno de nota que o entomologista Jean-Henri Fabre (1823-1915) exprimira sua convicção religiosa em termos quase idênticos: "Não acredito em Deus: eu o *vejo*". Tanto Jung como Fabre adquiriram tal certeza no trato com a natureza: Fabre, com a natureza dos instintos, observando o mundo dos insetos; Jung, no trato com a natureza psíquica do homem, observando e sentindo as manifestações do inconsciente.

---

* Na edição portuguesa, constará do volume 11 completo.

A seleção dos textos deste volume segue a do tomo correspondente aos *Collected Works*, Bollingen Series XX, Pantheon, Nova York, e Routledge & Kegan Paul Ltd., Londres. Também a paragrafação contínua é, com exceção do apêndice, a do referido volume.

Apresentamos aqui nossos calorosos e sinceros agradecimentos à Sra. Aniela Jaffé, por seu auxílio no tocante a muitas questões, à Sra. Dra. Marie-Louise von Franz por sua ajuda no controle das citações gregas e latinas, e à Sra. Elisabeth Riklin pela elaboração do Índice.

Abril de 1963.

Escritos diversos do vol. 10

Prefácio (1933)*

Devido à renúncia do Professor Kretschmer, presidente da Allgemeinen Ärzlichen Gesellschaft für Psychotherapie (Associação Médica Geral de Psicoterapia)[1], coube a mim a presidência e também a direção do *Zentralblatt für Psychotherapie*. Esta mudança coincidiu com a grande reviravolta na Alemanha. Ainda que a psicoterapia, enquanto ciência, nada tenha a ver com política, quis o destino que eu assumisse a publicação do *Zentralblatt* num momento em que a psicoterapia se encontrava numa situação confusa de doutrinas e opiniões, bem semelhante à situação política até agora. Considerações unilaterais que jamais concordariam entre si exerceram grande influência, não apenas sobre a opinião médica especializada, mas também sobre as opiniões psicológicas de muitos leigos de boa cultura. As contradições daí resultantes aumentaram ainda mais quando se tornaram conhecidos os meus pontos de vista que eram bem diferentes, de tal forma que a expressão "confusão das cabeças" era bem adequada. Será, portanto, tarefa primordial do *Zentralblatt* dar, com apreciação imparcial, uma visão completa de todas as contribuições efetivas, visão esta que fará maior justiça do que até agora aos fatos básicos da psique humana. As diferenças reais – percebidas por qualquer pessoa inteligente – que existem entre a psicologia germânica e judaica já não devem ser encobertas, pois só podem ser benéficas à ciência. Na psicologia, mais do que em outras ciências, existe uma

1.014

---

* Publicado em *Zentralblatt für Psychotherapie und ihre Grenzgebiete*, VI/3, 1933, p. 139-140. Leipzig.

1. Fundada em 1928 tendo o Dr. Robert Sommer como primeiro presidente. Em 1930, foram o professor Ernst Kretschmer presidente e C.G. Jung vice-presidente.

"equação pessoal" cujo desrespeito falsifica os resultados da teoria e da práxis. Gostaria de deixar bem claro que isto não implica uma depreciação da psicologia semítica[2], assim como não é depreciação do chinês quando se fala de uma psicologia peculiar dos povos do Extremo Oriente.

1.015 A psicoterapia já deixou há muito tempo de ser um campo fechado de especialistas. O interesse do mundo inteiro volta-se para as descobertas psicológicas dos médicos. Por isso, ao construir suas teorias, a psicoterapia será obrigada a levar em consideração a psique como um todo e ampliar seus pontos de vista para além do simplesmente patológico ou pessoal. Os esforços do *Zentralblatt* serão nesta linha.

---

2. Jung defendeu este ponto básico na Associação Internacional. Cf. os § 1.035 e 1.060 deste volume.

Atualidades (1934)*

Não pretendo discutir conjeturas com o Dr. Bally. Prefiro relatar os fatos que me levaram a assumir a chefia da publicação do *Zentralblatt für Psychotherapie*. Há mais ou menos três anos fui nomeado presidente honorário da Associação Médica Geral de Psicoterapia. Quando, por ocasião da reviravolta política, o Professor Kretschmer renunciou à presidência e a Associação como também outras organizações científicas na Alemanha foram duramente atingidas, alguns membros dirigentes me pediram – diria até com grande insistência – que assumisse a presidência. E quero deixar bem claro que não era a presidência da Associação Alemã, mas da Associação Internacional, como consta naquele fascículo donde o senhor Bally tira sua citação[1].

Levantou-se então dentro de mim um conflito moral, ou seja, aconte-

1.016

---

* Publicado em *Neue Zürcher Zeitung*, n. 437 e 443, 13 e 14 de março de 1934, Zurique. Na primeira página de cada fascículo, como resposta a um artigo de Bally, intitulado "Deutschstämmige Therapie", no mesmo órgão (n. 343, de 27 de fevereiro de 1934). Cf. abaixo § 1.034, nota 5.

1. *Zentralblatt für Psychotherapie und ihre Grenzgebiete*, VI/3 (dezembro de 1933), p. 141-144. O equívoco foi causado provavelmente pelo fato de a Associação Médica Geral de Psicoterapia ser dirigida por alemães que detinham todos os postos-chave. Mas seus membros pertenciam às mais diversas nações e os Congressos tinham caráter internacional. Após a renúncia de Kretschmer (6 de abril de 1933), Jung exerceu a presidência interina, devido a seu cargo de vice-presidente. Inesperadamente, em combinação com seus colegas, reorganizou a Associação para internacionalizá-la formalmente. Jung foi eleito então presidente dessa Associação Médica Geral de Psicoterapia. Os estatutos foram aprovados por ocasião de um congresso em Bad Nauheim, de 10 a 13 de maio de 1934 (cf. *Zentralblatt*, VII/3, 1934. Leipzig). A sede da Associação foi transferida para a Suíça. Foi criada uma associação alemã sob a presidência do Professor M.H. Göring em Berlim, a 15 de setembro de 1933, como seção alemã da Associação Internacional (*Zentralblatt*, VI/3, 1933, p. 140s. Leipzig).

ceu comigo o que nesta situação teria acontecido com qualquer outra pessoa decente. Deveria eu, qual neutro precavido, manter-me na segurança do lado de cá do limite e lavar minhas mãos na inocência, ou deveria – e estava bem ciente disso – arriscar minha pele e expor-me às inevitáveis incompreensões a que estão sujeitos todos aqueles que, por imperiosa necessidade, têm que fazer um pacto com as forças políticas hoje existentes na Alemanha? Será que eu deveria sacrificar o interesse da ciência, o coleguismo, a amizade que me ligava a alguns médicos alemães e a viva coesão da cultura de língua alemã ao meu bem-estar egoísta e à minha opinião política divergente? Já observei demais a necessidade da classe média alemã, senti demais a miséria ilimitada da vida de um médico alemão da atualidade, sei demais também sobre a necessidade espiritual para que fuja de minha clara obrigação humana sob o manto mesquinho do pretexto político. Não me restou outra atitude senão responder por meus amigos com o peso do meu nome e com minha posição independente.

1.017   Na situação em que estavam as coisas, bastava um traço de caneta nas esferas superiores para derrubar de vez toda a psicoterapia[2]. No interesse das pessoas doentes, no interesse dos médicos e, ultimamente, mas não por último, no interesse da ciência e da cultura isto precisava ser evitado a todo custo.

1.018   Mesmo aqueles que só têm um pressentimento do que seja a Alemanha de hoje sabem que não existe nenhum jornal, nenhuma associação, nada, absolutamente nada que não seja "coordenado" (*gleichgeschaltet*) pelo governo. (*Gleichschaltung* era o termo usado na época nazista para dizer que todas as entidades, órgãos, partidos, associações etc. tinham que ter em sua coordenação ou direção elementos nazistas.) Por conseguinte, a organização de um jornal ou de uma associação é um assunto com dois lados. Posso desejar uma coisa, mas se as coisas acontecem como eu desejo é outra questão que não cabe a mim e nem aos meus colegas decidir. Quem tem hoje algo a tratar com a Alemanha sabe que lá as coisas mudam rapidamente, que um decreto segue imprevisivelmente a outro e que o cenário político muda com a velocidade do raio. É totalmente impossível manter-se a

---

2. Na Alemanha.

par do que acontece na Alemanha olhando de fora, pois nem o povo que vive no país, mesmo com a maior boa vontade, consegue que as autoridades políticas adotem uma posição coerente e comprometida.

Uma vez que a seção alemã da Associação Internacional *tinha que* estar *gleichgeschaltet* e, mais, que o *Zentralblatt* era editado na Alemanha, surgiram naturalmente certas dificuldades que nos levaram a pensar mais de uma vez em reorganização. Uma delas foi a necessidade, imposta à seção alemã, do juramento de lealdade e de pureza de sentimento político. Na Suíça não conseguimos entender isto muito bem, mas logo nos localizaremos se retrocedermos uns três ou quatro séculos na história, à época em que a Igreja tinha pretensões totalitárias. Naquela época o arame farpado ainda não havia sido inventado e, por isso, não havia campos de concentração; em seu lugar a Igreja usava grande quantidade de lenha. O juramento "modernista" de hoje é um resto bem fraco e manso de uma "*Gleichschaltung*" bem mais severa e palpável. À medida que a autoridade da Igreja foi fenecendo, o Estado foi se substituindo à Igreja, pois a pretensão totalitária quer manifestar-se de alguma forma. Inicialmente foi o socialismo que assumiu a herança católica e tentou novamente uma *Gleichschaltung* palpável, não com vistas a um suporte do Reino dos Céus, mas para produzir um Estado igualmente quiliástico de felicidade sucedânea na terra. O comunismo russo transformou-se por conseguinte na Igreja totalitária onde nem o mais miserável rato podia apitar diferentemente do bolchevista. Não admira que o Estado nacional-socialista tenha a mesma pretensão! É apenas historicamente consequente que, após certo tempo, a vez da *Gleichschaltung* espiritual chegue ao secularismo, ao Estado.

1.019

Mas é nessas épocas que o espírito está em ação na ciência, arte, filosofia e vivência religiosa, independentemente de ser favorável ou desfavorável a situação contemporânea; pois existe algo no homem que é de natureza divina, não amaldiçoado em sua própria obra, nem aprisionado em sua própria construção. Este espírito quer viver e por isso o velho Galileu, após ser bastante importunado, retratou-se, mas depois – se for verdade – teria dito: "Contudo, se move"; garanto, porém, que o disse bem baixinho. Ser mártir é uma vocação bastante singular para a qual é preciso ter certa aptidão. Por isso acho que foi muito inteligente ter escondido, por algum tempo, da alta Inquisição,

1.020

a excitante notícia da descoberta das luas de Júpiter sem a autorização de Aristóteles. Galileu tinha os olhos de criança do grande descobridor e nem estava bem orientado na *Gleichschaltung* de sua época. Se vivesse hoje, poderia tomar sol nas praias de Los Angeles, em companhia do senhor Einstein, e seria um homem feito, pois a era liberal adora a Deus sob a forma da ciência. Mas a "metamorfose dos deuses" continua retumbante e o Estado torna-se senhor deste mundo: mais da metade da Europa já foi engolida. A ciência e toda arte terapêutica ou outra qualquer conhecem sete anos magros após sete anos gordos. Por isso precisam aprender a adaptar-se. Protestar é ridículo – protesta-se contra uma avalanche! É melhor prevenir. A ciência não tem interesse em provocar avalanches; precisa preservar a herança intelectual também sob condições de vida adversas.

1.021 Assim está a situação hoje. Nem eu e nem meus colegas alemães somos responsáveis por isso. Se o grupo alemão da Associação quiser sobreviver, o juramento de lealdade é inevitável, o que toda pessoa razoável vai entender. Foi planejado, pois, que a redação do *Zentralblatt* (Dr. Cimbal de Hamburgo) publicaria um número especial com declarações de eminentes psicoterapeutas alemães, juntamente com uma declaração introdutória, assinada pelo presidente do grupo alemão da Associação, Professor Göring de Elberfeld, para circulação exclusiva na Alemanha. Foram estas também as instruções que passei à redação. Para meu espanto e decepção, o manifesto político de Göring foi publicado no número atualmente em circulação do *Zentralblatt*. Não duvido das razões de política interna, mas trata-se de uma daquelas lamentáveis gafes táticas de que já sofria em seu todo a política externa alemã na era do Imperador Guilherme. Desse modo, meu nome passou sem querer para um manifesto nacional-socialista, o que para mim foi muito desagradável. Mas enfim o que são assistência e amizade que nada custam? Naturalmente o caso é tão grave que minha editora ficou seriamente comprometida.

1.022 Atualmente tudo na Alemanha *deve* ser "alemão" se quiser continuar vivendo; inclusive a arte terapêutica tem que ser "alemã", e isto por motivos políticos. Do ponto de vista terapêutico, não importa que seja "alemã" ou "francesa"; importa que viva, ainda que sob condições inegavelmente difíceis, conforme sei muito bem. É brincadeira de mau gosto ridicularizar a "psicoterapia de origem alemã"; mas o assunto é bem outro quando, por amor à humanidade, é preciso salvar a arte terapêutica do caos agitado de uma revolução sem par. É fácil ficar de lado e sorrir quando se trata de garantir para uma ciência jovem e insegura um lugar seguro durante um terremoto; era este o objetivo de minha ajuda na reorganização do movimento psicoterapêutico na Alemanha. A arte terapêutica nada tem a ver com política (oxalá tivesse!), por isso ela pode e deve ser exercida sob qualquer regime político para o bem dos que sofrem. Se os médicos de Petersburgo ou Moscou tivessem solicitado minha ajuda eu a teria prestado sem titubear, pois interessam-me as pessoas e não os bolchevistas; e pouco me importaria se tivesse sido apontado – inevitavelmente – como bolchevista. Afinal, o homem ainda possui uma alma e não é apenas gado de corte da política. Se for chamado à arena por amor à alma humana, seguirei este chamado em qualquer lugar. Esta minha ingênua crença na alma humana pode ser considerada, a partir do ponto de vista olímpico de um intelecto hipertrófico ou a partir do ponto de vista de cegueira político-partidária, ridícula, suspeita, impatriótica e sabe Deus o que mais. Não me glorio de ser bom cristão, mas acredito nas palavras: "Dai a César o que é de César, e a Deus o que é de Deus". O médico que, na guerra, presta ajuda aos feridos do lado contrário não será acusado de traidor da pátria.

Não faz sentido que nós, médicos, entremos em confronto com o governo nacional-socialista como se fôssemos um partido. Na qualidade de médicos, somos em primeiro lugar pessoas que fazem seu trabalho junto aos seus semelhantes e, se necessário, sob todas as dificuldades de determinada situação política. Não somos obrigados nem chamados a fazer protestos, motivados por algum acesso político inoportuno, e colocar, assim, no maior perigo o exercício da atividade médica. Resumindo: meu apoio aos médicos alemães nada tem a ver com qualquer atitude política. Se for interpretado politicamente – o que sem dúvida acontece ou virá a acontecer – são interpretações que se aplicam àqueles que as fazem. Nunca estive em condições de impedir a formação de lendas. 1.023

Reconheço que sou imprudente, tão imprudente que fiz a coisa mais sujeita a mal-entendidos no momento atual: Coloquei a questão judaica abertamente na mesa. E o fiz intencionalmente. Meu prezado senhor crítico parece ter esquecido que o primeiro princípio básico da 1.024

psicoterapia é falar, em seus mínimos detalhes, daquelas coisas que fazem mais cócegas, das coisas mais perigosas e mais mal-entendidas. O problema judaico é um complexo, uma ferida supurada e nenhum médico responsável aplicaria neste caso métodos paliativos.

1.025   Quanto à diferença entre a psicologia judaica e a psicologia "ariano-germânico-cristão-europeia", quase não aparece nos produtos científicos isolados; também não é esta a questão que importa. O importante é o fato básico de que na psicologia o objeto do conhecimento é ao mesmo tempo o órgão conhecedor, o que não acontece em nenhuma outra ciência. Por isso, já se levantou, de boa-fé, a dúvida se a psicologia poderia ser uma ciência. Diante desta dúvida, propus há anos que toda teoria psicológica fosse primeiramente criticada como confissão subjetiva. Pois, quando o órgão do conhecimento é ao mesmo tempo seu objeto, temos todos os motivos para examinar com o maior cuidado a qualidade do órgão porque, neste caso, a pressuposição subjetiva é também o objeto aprioristicamente limitado do conhecimento. A "pressuposição subjetiva" é condicionada primeiramente pelo indivíduo, em segundo lugar pela família e, em terceiro lugar, pela nação, raça, clima, lugar e história.

1.026   Certa vez me chamaram de "suíço cabeçudo". Não tenho nada contra possuir os vícios nacionais suíços; também aceito que tenha preconceitos suíços em todos os sentidos. Permito que critiquem meu credo psicológico, chamado "teoria", como sendo suiçamente cabeçudo ou teimoso, seriamente influenciado por meus antepassados teológicos e médicos e, em geral, pela herança cristã e alemã, a exemplo de Friedrich Schiller ou do medieval Mestre Eckhart. Não me ofendo quando me chamam de "teutonicamente confuso", "místico", "moralista" etc. Orgulho-me de meus pressupostos subjetivos; amo a terra suíça neles, sou grato a meus antepassados teológicos que me transmitiram os pressupostos cristãos e também admito o meu assim chamado complexo de pai: Não quero e jamais me subordinarei a quaisquer "pais" (cf. "cabeçudice").

1.027   Não se pode dizer, pois, que existe também uma psicologia judaica que admite o preconceito de seu sangue e história? E não deveríamos perguntar em que consistem exatamente as diferenças entre uma concepção essencialmente judaica e essencialmente cristã? Será que sou o único psicólogo que possui um órgão especial e subjetivamente preconceituoso de conhecimento, enquanto o judeu parece ficar profundamente ofendido quando se presume que seja judeu? Pretende ele que o consideremos um zero em termos de conhecimento, ou que seu cérebro tenha emergido apenas hoje do mar não histórico? Confesso ser totalmente incapaz de compreender por que seria crime falar de uma psicologia "judaica".

Se estivesse na condição – conforme supõe o senhor Bally – de não saber apontar nenhuma diferença entre as duas psicologias, isto seria o mesmo que dizer que eu sou incapaz de apontar concretamente a diferença entre as peculiaridades dos americanos e ingleses ou dos franceses e alemães. Não fui eu que inventei essas diferenças; podemos encontrá-las em inúmeros livros, revistas e jornais. Estão na boca do povo sob forma de piadas e quem não percebe que existem algumas diferenças psíquicas entre franceses e alemães deve estar fora da realidade e nada conhecer de nossa comunidade maluca da Europa. Devemos realmente admitir que uma raça que perpassou pela história durante centenas de anos como o "povo eleito de Deus" não tenha chegado a esta ideia por alguma peculiaridade psíquica especial? Se não existissem diferenças, como reconhecer então um judeu? 1.028

Diferenças psicológicas existem entre todas as nações e raças, inclusive entre moradores de Zurique, Basileia e Berna. (Se assim não fosse, donde viriam todos os belos chistes?) Há também diferenças entre as famílias e os indivíduos. Por isso combato toda psicologia niveladora que tem a pretensão de validade geral como, por exemplo, a psicologia de Freud e de Adler. Todo nivelamento produz ódio e veneno nos oprimidos e mal interpretados; impede um entendimento humano em geral. Todos os ramos da humanidade se unem a um único tronco. Mas, o que é um tronco sem os diversos galhos? Donde provém esta ridícula suscetibilidade quando alguém ousa dizer algo sobre a diferença psicológica entre judeus e cristãos? Toda criança sabe que existem diferenças! 1.029

Parece aceito em geral que, abrindo eu a discussão das diferenças étnicas, não pretendo outra coisa senão esbravejar meu "conhecido" antissemitismo. Parece que ninguém confia que eu (e outros) possamos dizer algo de bom e aceitável. Seja como for e por mais crítico que seja, jamais me aterei à afirmação de que "dez tribos são amaldiçoadas e apenas duas são santas". Esta expressão não proveio de nenhum cris- 1.030

tão. Minha crítica e apreciação manter-se-ão bem longe desse óbvio contraste e nada conterão que não seja humanamente discutível.

1.031   Não faço julgamentos de valor, nem pretendo insinuá-los. Venho há anos me ocupando com o problema das diferenças imponderáveis que todos conhecem e que ninguém consegue definir exatamente. Pertencem aos problemas mais difíceis da psicologia e são, por isso, áreas de tabu onde ninguém deve pisar sob pena de morte. Para muitos indivíduos é ofensa atribuir-lhes alguma peculiaridade psicológica especial. E, tratando-se de partidos e nações, é preciso ter mais cuidado ainda. A pesquisa desses imponderáveis é extremamente difícil porque, além de seu trabalho, o pesquisador tem que ensaiar uma grotesca dança sobre ovos para não tocar em suscetibilidades que estão à flor da pele. Estaria bem na hora de a psicologia prática entender mais desses imponderáveis psíquicos, pois é deles que surge no mínimo a metade de todas as coisas do mundo que vão mal. Quem conseguir determinar a natureza das diferenças imponderáveis terá feito a mais profunda introspecção no mistério da alma humana. Não pertenço ao grupo dos entendidos que se ocupam exclusivamente com o que é conhecido – uma atividade sem dúvida de grande utilidade –, mas prefiro meter o nariz naqueles campos sobre os quais ainda nada se conhece.

1.032   Por isso estou satisfeito com o meu papel de bobo que não sabe indicar sequer uma diferença entre judeus e cristãos. Apesar da opinião de Bally, é inegável que a diferença existe, como também existia água antes que a química descobrisse o H_2O; mas ainda permanece incompreendida, porque todas as opiniões até agora emitidas não satisfazem. Essas dificuldades de conhecimento nada têm a ver com a questão da existência do imponderável. Tenho a intenção de publicar proximamente um ponto de vista meu, talvez bastante inadequado e discutível, sobre o assunto. Como qualquer outro, não estou em condições de produzir algo definitivo, mas estarei satisfeito se conseguir levantar a discussão. Gostaria de trazer os partidos para a mesa de negociação, para que finalmente conheçam e reconheçam suas diferenças. Muitas vezes este conhecimento é o caminho da compreensão. Gostaria de fazer o mesmo com os irmãos hostis do lado direito e esquerdo do Reno. Naturalmente qualquer tentativa neste sentido deverá contar com pauladas de ambos os lados.

Será que o tratamento surtirá efeito? Em se tratando de boa causa, a possibilidade de fracasso nunca me assustou. 1.033

Meu público, porém, dirá: Por que o senhor levanta o problema judeu exatamente agora e precisamente na Alemanha? Perdão, eu já o levantei há muito tempo, conforme podem testemunhar aqueles que conhecem a literatura especializada. Não falei disso apenas depois da revolução, mas fiz da crítica às pressuposições psicológicas subjetivas minha bandeira oficial desde 1913[3]. Isto nada tem a ver com a configuração do Estado alemão. Se tiver que ser eliminado politicamente, nada posso fazer para impedi-lo. Ou pode alguém impedir alguma coisa na Alemanha? É deveras lamentável que minha crítica se faça notar apenas hoje, tão tarde, e, infelizmente, é característico que agora se apresente como se apenas o furacão nazista me tivesse dado asas para a crítica. Admito prontamente ser uma coincidência infeliz e desconcertante que meu programa científico viesse forrado, sem minha intervenção e contra minha expressa vontade, por um manifesto político. Mas um acontecimento dessa espécie, lamentável em si, tem muitas vezes como consequência ventilar problemas que outrora foram cuidadosamente escamoteados. 1.034

Um aditamento[4]

Na nota prévia que a redação colocou em meu artigo "Atualidades", afirma-se que parti dos ensinamentos de Freud[5]. Não parti de

---

[3]. Com a exigência de que o analista deveria ser analisado. A primeira observação neste sentido encontra-se em Tentativa de apresentação da teoria psicanalítica. In: JUNG, C.G. *Freud e a psicanálise* (OC, 4; § 447-450). Cf. tb. A questão dos tipos psicológicos. In: JUNG, C.G. *Tipos psicológicos* (OC, 6; § 931-950); O conteúdo da psicose. In: JUNG, C.G. *Psicogênese das doenças mentais* (OC, 3; § 419s.); JUNG, C.G. *Tipos psicológicos* (OC, 6; § 84s., 670s. e 1.012); *Freud e a psicanálise* (OC, 4; § 772); e *Einführung zu W.M. Kranefeldt:* "Die Psychoanalyse". [s.l.]: [s.e.], 1969 (OC, 4; § 747s. e 757s.). Para outras informações cf. a bibliografia no final deste volume.

[4]. Publicado em *Neue Zürcher Zeitung* n. 457, 15 de março de 1934.

[5]. A passagem diz: "Em nossa opinião, o Dr. Bally tinha direito, no artigo 'Deutschstämmige Therapie' (n. 343) a abordar o programa de Jung exposto no *Zentralblatt für Psychotherapie* e manifestar sua estranheza de que o Dr. Jung, que partiu dos ensinamentos de Freud e louvavelmente continuou a progredir, não tivesse demonstrado em seus escritos científicos a oposição calcada nas diferenças entre a psicologia germânico-cristã e a semítica, mas, apenas no momento presente, tivesse reconhecido a 'super' psicologia das psicologias raciais".

Freud, mas de Eugen Bleuler e Pierre Janet que foram meus mestres diretos. Quando tomei abertamente a defesa de Freud, minha posição científica já era reconhecida em geral, posição que consegui graças às minhas pesquisas sobre associações e à teoria dos complexos que nelas se baseiam e que desenvolvi independentemente de Freud. Minha colaboração decorreu sob a reserva de uma objeção em princípio contra a teoria sexual e durou até o momento em que Freud identificou em princípio sua teoria sexual com seu método.

É incorreta a afirmação de que só no atual momento me dei conta da psicologia racial. Em 1927 escrevi o seguinte: "É um erro imperdoável aceitar as conclusões de uma *psicologia judaica* como válidas em geral! Também não ocorrerá a ninguém considerar obrigatória para nós a psicologia chinesa ou hindu. A acusação barata de antissemitismo que me fizeram por causa dessa crítica é tão absurda como se me acusassem de um preconceito contra os chineses". Em junho de 1918 escrevi: "Segundo penso, este problema não existe para o judeu. Já possui a cultura antiga e, além disso, adquiriu a cultura do povo do país em que mora. Possui duas culturas, por mais paradoxal que isto pareça. É domesticado em grau bem elevado, mas está terrivelmente confuso diante daquilo que no homem está em contato com a terra e que traz novas forças de baixo. Estar agarrado à terra é algo que se encontra em perigosa concentração no homem alemão. Naturalmente o europeu ariano não percebeu isto por longos anos, talvez o perceba agora nesta guerra; e talvez não o perceba nem agora. O judeu, no entanto, tem muito pouco disso – onde está em contato com sua terra? O mistério da terra não é brincadeira e nenhum paradoxo..."

Carta circular (1934)*

Caros colegas

No último Congresso¹ da "Associação Internacional Geral e Médica de Psicoterapia" foi decidido constituir a associação na forma de grupos nacionais². Por isso nos diversos países que tiveram representantes no Congresso (Dinamarca, Alemanha, Holanda, Suécia e Suíça) foram fundados grupos nacionais ou estão em vias de constituição. As condições para ser sócio desses grupos nacionais variam de acordo com os estatutos locais. Dadas as circunstâncias políticas, por um lado, e o fato de ainda não existirem grupos nacionais em todos os países, por outro, chegou-se a convencionar que a pertença a um grupo nacional é facultativa, isto é, existe a possibilidade de filiar-se individualmente à "Associação Internacional Geral e Médica de Psicoterapia"³.

---

* Como folha avulsa no *Zentralblatt für Psychotherapie und ihre Grenzgebiete*, VII/6, 1934. Leipzig.

1. Neste sétimo congresso da Associação, em Bad Nauheim, maio de 1934, os estatutos foram ratificados. Nesta ocasião, Jung fez de improviso sua saudação. Não se encontrou nenhum manuscrito. Um resumo da alocução encontra-se no *Zentralblatt*, VII/3. Seu conteúdo deveria coincidir com o *Votum* (§ 1.060-1.068 deste volume). No mesmo congresso, Jung deu uma conferência intitulada "Über Komplextheorie" que proferira em 5 de maio como aula-inaugural na Eidgenössischen Technischen Hochschule de Zurique e publicada no mesmo ano com o título *Allgemeines zur Komplextheorie* (OC, 8. *A dinâmica do inconsciente*, § 194-219).

2. Para evitar a supremacia de algum país na Associação, foi incluído nos estatutos que nenhum grupo nacional poderia ter mais de 40% dos votos dos presentes.

3. Dessa forma poderiam continuar membros da Associação Internacional os judeus alemães mesmo que houvessem sido excluídos do grupo alemão. Cf. abaixo § 1.060-1.063 deste volume.

1.036 A "Associação Internacional" é política e confessionalmente neutra. Os que desejam associar-se devem dirigir-se ao Secretariado Geral da "Associação Internacional", dirigido pelo Dr. W. Cimbal, Altona, Avenida 87, ou à Secretaria Geral do Presidente (Dr. C.A. MEIER, Burghölzli-Zurique).

1.037 O órgão da Associação é o *Zentralblatt für Psychotherapie*, Verlag S. Hirzel, Leipzig. Preço de assinatura para os membros: 15 Reichmarks por ano, incluídas as despesas postais.

1.038 Respeitosamente convidamos V. Sa. a associar-se à "Associação Internacional Geral e Médica de Psicoterapia".

Zurique-Küsnacht, 1º de dezembro de 1934.

Com elevada estima e consideração,

Dr. C.G. Jung

Editorial (1935)*

O ano passado, que começou com o Congresso de Nauheim, foi um ano de construção para a Associação Internacional de Psicoterapia, gravemente afetada pelas circunstâncias da época, cujo órgão é o *Zentralblatt*.
    A psicoterapia conseguiu livrar-se aos poucos do caos inicial de artifícios e técnicas não sistematizados, usados por todos os ramos da medicina que entraram em contato com a neurose, e transformar-se numa disciplina cuja envergadura e conteúdo fizeram com que merecesse o nome de "psicologia médica" e fosse considerada um campo autônomo especializado. A pura "arte" da psicoterapia, cujo arsenal científico consistia de alguns rasgos de sabedoria popular, de uma dose de "sadio bom-senso" e de algumas habilidades de sugestão, é hoje um vasto campo de saber com uma problemática cada vez maior que, sem dúvida, já envolve questões ideológicas. O objeto da psicologia clínica – a psique *doente* – é um fenômeno que não pode ser cientificamente separado de seu pano de fundo universal, a psique humana. Na prática, esta separação já ocorreu pela doença. E mesmo que tenha sido necessário seguir o rasto dos desvios do desenvolvimento patológico da psique até os mínimos detalhes, a pesquisa médica tem que basear a avaliação e julgamento de seus resultados nos casos normais e da média geral. Esta necessidade leva, porém, a psicopatologia – se quiser ser prática – para além de si mesma, para o campo da psicologia normal e, assim, para o campo grandioso da filosofia. Esta interferência é apenas uma das muitas que são características da medicina moderna: lembro apenas a química fisiológica, a

---

* Publicado em *Zentralblatt für Psychotherapie und ihre Grenzgebiete*, VIII/1, 1935, p. 1-5. Leipzig.

microbiologia e outras. Mas foi assim que a psicoterapia iniciante se firmou como ciência autônoma e engoliu tudo que antigamente se chamava psicopatologia. Hoje em dia já não é possível imaginar uma psicopatologia sem as colocações de problemas dos psicoterapeutas.

1.041　A práxis do tratamento psíquico já obrigou, há muito tempo, o médico a ter suas próprias concepções e teorias, pois são indispensáveis ao ordenamento do material empírico. A ciência não pode progredir sem hipóteses. Mas quando se fazem hipóteses, a moral intelectual exige que se faça uma crítica impiedosa dos pressupostos. Uma hipótese não se baseia apenas no testemunho aparente da *experiência*, mas também no julgamento do observador. Se em algum lugar há necessidade de um julgamento sobre a crítica dos pressupostos, então este lugar é certamente a psicologia. (Não cabe aqui tecer grandes elucubrações filosóficas. A referência parece suficiente.)

1.042　Já várias vezes levantou-se a acusação de que a nova psicoterapia se ocupa demais com problemas ideológicos em vez do pequeno trabalho casuístico. Esta acusação tem que ser repudiada energicamente, pois os problemas ideológicos fazem parte, em grau máximo, do campo empírico de qualquer pesquisa, tanto como objeto da pesquisa quanto da crítica filosófica. O intelecto empírico que se ocupa com minúcias casuísticas leva, sem querer, sua concepção ideológica para dentro não só do ordenamento, mas também do julgamento de seu material e inclusive da apresentação aparentemente objetiva de sua empiria. Quando o psicoterapeuta começa a falar hoje de ideologia, isto quer dizer apenas que descobriu o fato da existência de pressupostos gerais, o que foi desconsiderado antigamente de forma ingênua. O que adianta um trabalho minucioso levado aos mínimos detalhes, se for prejudicado por pressupostos inconfessos? Toda ciência que pretende ser digna desse nome precisa criticar seus pressupostos. O próprio Freud não recuou diante do enorme esforço ideológico de enfraquecer "definitivamente" o pressuposto religioso. O desenvolvimento intelectual de Freud mostra claramente a consequência lógica com que a problemática da psicologia médica acende a crítica ou, ao menos, a discussão polêmica de seus pressupostos. Este desenvolvimento não é nenhuma aberração, mas dever de toda ciência em formação e significa, além disso, uma ampliação, aprofundamento e enriquecimento de sua problemática heurística.

Na medida em que a psicoterapia pretende ser um método de   1.043
cura, tem que incluir em seus objetivos a necessidade de transformar
a adaptação diminuída, que encontramos em todo estado doentio,
numa adaptação normal. A adaptabilidade de um sistema psíquico se
refere às condições dadas por determinada época e lugar e, por isso,
não é válida para sempre. Não é um estado duradouro e válido em
geral que, uma vez alcançado, permanece para sempre, mas é um processo em contínua evolução que tem como pressuposto inevitável a
constante observação das mudanças que ocorrem no mundo interior
e exterior. Um sistema de cura que não leva em consideração as "representações coletivas" que movem o mundo, sejam elas de natureza
política, econômica, filosófica ou religiosa, ou que premeditadamente
recusa aceitá-las como forças reais, não merece o nome de terapia. É,
antes, um desvio para uma atitude de protesto doentiamente teimosa
que é tudo, menos adaptada. A adaptabilidade como critério da cura
é absolutamente necessária, ainda que não seja o critério único.

A discussão dos pressupostos gerais e das ideias mestras é um   1.044
ponto muito importante na atual fase de desenvolvimento da psicoterapia porque, assim, chegam à consciência em geral os pressupostos que já existem tacitamente e, por isso mesmo, são mais perigosos.
A psicoterapia não pode ser, de forma alguma, apenas *um* método ou
um sistema, pois os indivíduos e as disposições são diversos e tão fun-
damentalmente diversos que é preciso livrar-se imediatamente dos
esquematismos, doutrinarismos e dogmatismos, se não quisermos
ver o desenvolvimento da terapia relegado a um ramal desativado.

A natureza peculiar e a grande difusão da insegurança e da doen-   1.045
ça psicógenas tornam urgente a ampliação e emancipação da psicoterapia, principalmente porque a pedagogia, por sua própria definição,
não se preocupa com a educação dos adultos e porque as Igrejas já
não atingem um grande número de pessoas. As Igrejas devem atribuir
a si mesmas a culpa pelo fato de as pessoas confundirem religião com
confessionalismo e não sentirem necessidade de acreditar em algo,
vendo nisso uma prova de que a religião é desnecessária. Mostra a
experiência que a religião é no mínimo um dado psíquico, existente
desde tempos imemoriais, que pode manifestar-se sob milhares de
formas diferentes. A teologia protestante, numa obcecação estranha,
chama este ponto de vista de "psicologismo" e, com isso, priva-se do

acesso mais eficaz à insegurança humana, acesso que a Igreja Católica se assegurou sabiamente e para o bem das pessoas na confissão. A psicoterapia de hoje não procura, mas se vê forçada a assumir a direção *espiritual* num campo que própria e originariamente pertenceu à cura espiritual das almas e, assim, foi induzida a uma tarefa educativa que exige grande conhecimento e competência do terapeuta. O médico se defronta, então, com certos problemas a cujo tratamento se pode negar por falta de competência, mas que são tratáveis se ele preencher as necessárias condições. Aqui o tratamento prático se choca diretamente com questões ideológicas e, por isso, não faz o mínimo sentido relegar estas questões como não pertinentes, cortando do paciente a possibilidade tão necessária de relacionar-se com e adaptar-se aos grandes problemas da época, e forçando-o a uma existência neurótica num canto qualquer. Seria precisamente o que a terapia *não* tem em mira.

1.046   Mesmo doente, a psique humana é um todo complexo, não impulsionado apenas por processos instintivos e relacionamentos pessoais, mas também por necessidades espirituais e pelas correntes suprapessoais da época. Assim como o cirurgião é obrigado a conhecer a anatomia e fisiologia *normais* do corpo que deve tratar, também o médico da psique se verá forçado, mais cedo ou mais tarde, a conhecer tudo que tem vital importância para a vida da psique. Deverá também ocupar-se do aspecto científico-filosófico da psicologia. Que isto seja incômodo ao médico formado, sobretudo nas ciências naturais, é perfeitamente compreensível, mas o desenvolvimento da medicina mostra sempre de novo que seus discípulos, após alguma hesitação, sempre estiveram dispostos a aprender mais. A psicologia é um campo intermédio que necessita da colaboração de diversas faculdades. Cabe ao futuro elaborar a separação e distribuição das competências.

1.047   Seguindo a linha de desenvolvimento aqui esboçada, os próximos congressos ocupar-se-ão, de um lado, da relação médica especial entre psicologia e endocrinologia e, de outro, da relação científico-filosófica com a teoria oriental dos símbolos.

1.048   No ano passado, a organização da Associação Internacional fez progressos, em parte, satisfatórios. O grupo nacional alemão já estava bem organizado por ocasião do último Congresso, sob a direção do Prof. Göring. Desde então associaram-se os seguintes grupos nacionais: A "Associação Holandesa de Psicoterapia", com trinta e dois membros, sob a presidência do Dr. Van Der Hoop, em Amsterdã; um grupo dinamarquês com dez membros, sob a presidência do Dr. O. Brüel, em Copenhague; e, recentemente, um grupo suíço com catorze membros, sob a presidência do abaixo assinado, em Zurique. Denomina-se este "Associação Suíça de Psicologia Prática".

As dificuldades, também experimentadas em outros lugares, de estabelecer relações com associações neurológicas e psiquiátricas, colocaram sérios empecilhos à fundação de um grupo sueco pelo Dr. Poul Bjerre, em Estocolmo, de modo que nenhuma associação foi constituída até agora. 1.049

O trabalho nos grupos fora da Alemanha é organizado de maneira bastante diversa. Copenhague realiza dois a três encontros por ano com apresentação de trabalhos especializados. Amsterdã faz quatro encontros anuais. Zurique faz reuniões mensais de um grupo de trabalho onde se estuda atualmente a psicologia dos sonhos. 1.050

A fragmentação em várias escolas e o grande número de teorias diferentes tornam desejável que a discussão entre colegas, no espírito de colaboração, seja fomentada ainda mais no futuro. Com isso, muitos mal-entendidos serão evitados e muitas questões esclarecidas que, por enquanto, permanecem insolúveis por falta de cooperação. 1.051

Prof. Dr. C.G. Jung

Nota do editor (1935)*

Anos atrás foram publicados fascículos especiais do *Zentralblatt* 1.052
para a Escandinávia e a Holanda; este ano deverá aparecer um fascículo suíço. Sendo a Suíça um país de três línguas, não duvidamos em incluir um artigo em francês (Professor Baudouin, Genebra). Também constam duas colaborações em inglês, de autores que passaram vários anos estudando em Zurique. São eles H.G. Baynes, de Londres, que por vários anos foi meu assistente, e Esther Harding, de Nova York, autora dos conhecidos livros *The Way of All Women* e *Woman's Mysteries, Ancient and Modern*. Ainda que o inglês não seja uma das três línguas oficiais do país, é inoficialmente a quarta, o que fica provado, entre outras coisas, pelo fato de eu ter que dar conferências em inglês em Zurique já há quatro anos.

O maior perigo que ameaça a psicologia é a unilateralidade e, 1.053
com isso, a insistência num só ponto de vista. Para fazer justiça ao fenômeno psíquico, há necessidade de vários aspectos. Assim como existem pontos de vista sobre a psicologia das raças, também existem pontos de vista nacionais e temos que saudar como enriquecimento de nossa experiência podermos incluir em nosso fascículo contribuições do pensamento românico e anglo-saxão.

A problemática da psicologia não ficará mais fácil se colocarmos 1.054
sob a lente um único aspecto com exclusão dos demais, pois cada um dos fatos psíquicos individuais está sempre debaixo da influência decisiva do todo; de fato, seu real significado só pode ser descoberto conhecendo-se sua posição dentro do todo. Tudo indica ser mais importante determinar primeiramente os contornos do todo do que

---

* Publicado em *Zentralblatt für Psychotherapie und ihre Grenzgebiete*, VIII/2, 1935, p. 65. Leipzig.

examinar o processo individual em particular sob um pressuposto geral tão inconsciente quanto incorreto. Para isso precisamos do *consensus gentium* (consenso dos povos) que é, de qualquer forma, o fundamento de uma associação internacional e de seu órgão. Promover a colaboração internacional é uma das características culturais da Suíça e esta deve ser também a nota peculiar do fascículo suíço.

C.G. Jung

Saudação ao oitavo congresso médico geral em Bad Nauheim (1935)*

Nobre Assembleia

Um ano se passou desde a fundação da Associação Médica Internacional de Psicoterapia. Neste ano organizou-se o grupo nacional alemão sob a competente direção do colega Dr. Göring. A seguir filiou-se a Associação Holandesa de Psicoterapia sob o comando do Dr. Van Der Hoop. Em Copenhague formou-se o grupo dinamarquês por iniciativa do Dr. Brüel. Em Zurique foi fundado há pouco um grupo nacional sob minha orientação. O Dr. Bjerre, de Estocolmo, escreveu-me que, devido a dificuldades externas, ainda não foi possível organizar um grupo sueco. Esperamos que no segundo ano de atividades de nossa Associação tenha ele mais sorte. Recentemente o Professor Stransky, de Viena, entrou em contato comigo para a constituição de um grupo austríaco. Ao que tudo indica, existe a feliz possibilidade de a Associação Internacional incluir também a Áustria.

Parece não ser muito fácil reunir numa organização neutra todos os médicos e psicólogos que se ocupam com psicoterapia ou psicologia prática. Abstraindo do fato, aliás compreensível, de que muitas dessas pessoas estejam cansadas de pertencer a associações, poderíamos dividir os motivos disso em dois grupos. O primeiro abrange todas aquelas dificuldades com que uma nova ciência tem que lidar. A psicoterapia com a psicologia clínica que lhe é própria ainda é uma criança não bem segura de si mesma. Além disso tem duas irmãs mais velhas que a vigiam nem sempre com benevolência total e muitas ve-

---

* De 27-30 de março.

zes lhe negam o direito à independência. São elas a psiquiatria e a neurologia. Entre os representantes dessas ciências existem pessoas que constituem exceção louvável, mas a psicoterapia com sua colocação esquisita de problemas psicológicos levou uma vida muito difícil no ambiente da psiquiatria e da neurologia. Não pretendo com isto fazer qualquer censura a estas ciências, pois ambas têm pleno direito à sua problemática especial que, além do mais, tem pouco em comum com a psicoterapia. Por outro lado, não é justo que a psiquiatria, pelo fato de ocupar-se com doenças mentais, e a neurologia, por tratar de doenças nervosas, tenham o direito de tomar a psicoterapia sob suas asas. As perturbações psicológicas funcionais ou psiconeuroses são por natureza um campo especial, não cabendo seu tratamento à clínica psiquiátrica nem ao campo específico da neurologia orgânica. A psicoterapia moderna já evoluiu para muito além daquele estágio primitivo em que não passava de uma conversa paternal ou sugestão com ou sem hipnose. Existe hoje um tratamento psíquico objetivo que é assunto de especialistas. Este fato não é apenas desconsiderado pelo público, mas também por alguns médicos.

1.057   O outro grupo de motivos abarca fenômenos psíquicos especiais dentro da própria especialidade. A discussão objetiva dentro da especialização ainda não é possível naquela abrangência exigida pela abordagem da ciência em sentido estrito. Há certos grupos de médicos que esposam teorias misturadas com pretensões totalitárias e se fecham de tal forma contra qualquer crítica que suas convicções científicas mais parecem uma confissão de fé. Tais fenômenos devem ser antes considerados substitutos da religião; e nada haveria contra, se esta atitude também fosse reconhecida por eles. Seria, aliás, compreensível, se precisamente os psicoterapeutas sentissem a necessidade de convicções religiosas, pois as religiões são os sistemas mais antigos de cura dos sofrimentos psíquicos. Mas, ao contrário das ideias religiosas do mundo, estas teorias psicológicas não são apenas intelectualistas, mas também antirreligiosas. Persiste, assim, o fato constrangedor de que no campo especializado da psicoterapia existem não apenas várias teorias – o que em si é muito louvável –, mas também diferentes convicções, aparentemente indiscutíveis, fenômeno que só é observável no campo das convicções políticas e religiosas.

Apesar de todas essas dificuldades, a Associação Internacional 1.058
mantém, por um lado, a convicção de que a psicoterapia é uma disciplina médica autônoma e, por outro, defende a opinião de que as verdades científicas não podem ser estabelecidas sem crítica e por convicções unilaterais. Consequentemente, a Associação está aberta a todas as opiniões, contanto que se disponham a adotar critérios objetivos.

Por isso desejo e espero que, no correr do tempo, todos os nossos 1.059
colegas que anseiam por um desenvolvimento mais amplo e geral da psicoterapia venham juntar-se a nós.

Votum C.G. Jung (1935)*

Só posso concordar com as colocações e intenções do relatório 1.060 que acabamos de ouvir[1]. As mesmas dificuldades que a psicoterapia encontra na Suíça existem nos demais países. Na qualidade de membro da diretoria da Associação Internacional procurei, durante anos, um entendimento entre as diversas escolas de psicoterapia. Como fruto desse trabalho nasceram de minha escola nada menos do que três obras sinóticas que procuravam dar um apanhado dos diversos pontos de vista científicos (W.M. Kranefeldt, G.R. Heyer e Gerhard Adler). Há vários anos já era presidente honorário da Associação Internacional quando estourou a revolução na Alemanha. O então presidente renunciou e um grupo líder de psicoterapeutas alemães me pediu que assumisse a presidência a fim de apoiar, por um lado, a psicoterapia em sua luta pela sobrevivência, seriamente ameaçada, e, por outro, preservar, enquanto possível, sua coesão internacional. Em vista da situação europeia da psicoterapia, julguei não dever fugir dessa tarefa difícil e penosa, decidindo pela aceitação da presidência. Por nenhum momento esqueci que seria uma das tarefas mais árduas organizar uma associação internacional, sem relegar a Alemanha, ainda que se tratasse de associação *médica*, distante de qualquer atividade política. A *Gleichschaltung* do grupo nacional alemão era inevitá-

---

* Em maio de 1935, o Dr. W. Morgenthaler, na qualidade de membro-diretor do grupo suíço da Associação Internacional, organizou um simpósio sobre "Psychotherapie in der Schweiz". Jung fez uma conferência intitulada "O que é psicoterapia" (OC, 16; § 28s.). Ao final houve uma discussão à qual Jung anexou esta contribuição. Conferência e Votum foram publicados em *Schweizerische Ärztezeitung für Standesfragen*, XVI/26, 1935, p. 335s. e 345s. Berna.

1. Da autoria do Dr. Morgenthaler.

vel. Protestar significaria simplesmente o fim da psicoterapia na Alemanha. Nestas circunstâncias era preciso contentar-se com a salvação do possível. Segundo o parágrafo ariano, os médicos judeus foram excluídos do grupo alemão. Mas consegui aprovação do projeto internacional dos estatutos pelo qual os médicos judeus da Alemanha pudessem filiar-se individualmente à Associação. Existem grupos nacionais agora na Holanda, Dinamarca e Suíça. Para a fundação de um grupo austríaco, o espírito sectário freudiano cria as maiores dificuldades. Contra nós foi encenada uma campanha política através dos jornais por elementos da mesma linha. Estas lamentáveis tentativas de tornar impossível de antemão uma discussão objetiva, levantando, por um lado, suspeita política e, por outro, apelando para um sectarismo científico, não deveriam impedir os médicos com pensamento objetivo e que desejam o desenvolvimento científico e aprofundamento do próprio trabalho de fazer o possível para conseguir o entendimento. Por isso aceitei com satisfação o convite do comitê organizador de participar do programa de trabalho.

1.061   Por várias razões é melhor que os psicoterapeutas, para salvaguardar seus interesses científicos e profissionais, não se vinculem a uma associação psiquiátrica. A divergência de interesses é grande para haver alguma colaboração proveitosa. Foi necessário também na Alemanha que a psicoterapia se separasse da psiquiatria. Se a psicoterapia conseguir a independência, seus representantes devem sentar-se, por bem ou mal, à mesa de negociações e deixar de lado os caprichos e fantasias autistas tão bem apresentados pelo Dr. Morgenthaler.

1.062   Segundo minha humilde opinião, acho que já é tempo de o psicoterapeuta individual tomar consciência de sua responsabilidade social. O conceito de psicoterapia alcançou o grande público; existe grande número de psicoterapeutas, tão grande que, sem exagero, pode-se falar de uma "corporação"; há copiosa literatura prontamente assimilada pelo público leitor; e enfim a psicoterapia, um assunto originalmente restrito aos médicos, ultrapassou tanto os seus primeiros limites que o próprio Freud, seu mais antigo iniciador, já não pensa mais como antigamente sobre a terapia leiga. O psicoterapeuta já se tornou hoje um conceito firmado entre o povo e começa, portanto, sua responsabilidade social. Mas ela se transforma em problema urgente diante do fato, agora já inegável, de que os *médicos leigos* se apossaram mais ou menos da terapia. E, para dizer logo, não me refiro em primeiro lugar a certos elementos charlatães, incompetentes e irresponsáveis – que facilmente podem ser atingidos pela legislação em vigor –, mas a pedagogos e psicólogos sérios cujo preparo intelectual os torna capazes de exercer grande influência educativa. Uma vez que grande campo da psicoterapia aplicada tem finalidade essencialmente educativa, não pode dispensar a colaboração do educador sem correr o risco de empobrecimento. Assim como a prática médica em geral recorre a auxiliares leigos e deles depende em grande parte, também o psicoterapeuta precisa de uma série de métodos auxiliares que necessariamente deve confiar a outras forças que não são médicas. Lembro apenas a fisioterapia em suas várias modalidades, os métodos educativos especiais e outros. Acho que seria totalmente errado se a psicoterapia médica não recorresse a colaboradores naturais e os chamasse simplesmente de charlatães. Ao contrário, o médico tem muitos motivos e todo interesse que os esforços feitos em inúmeros institutos pedagógicos e em certas faculdades de filosofia não tomem iniciativas incontroladas, mas que, através de sábia colaboração, consiga-se aos poucos uma separação racional de competências. Se o médico se fechar à existência real da legítima práxis psicológica, não conseguirá, com esta política de avestruz, a eliminação dessas tendências, mas perderá o contato com as diversas tentativas "pedagógico-curativas" de nossa época e as privará do indispensável conselho e eventual controle médicos. A Associação de Psicoterapia enfrenta de modo positivo o problema dos psicólogos práticos e das forças paramédicas, pois reconhece os perigos de um movimento de psicólogos que cresça assustadoramente e escape ao controle dos médicos.

Como já aconteceu muitas vezes no decorrer dos últimos anos, afirma-se também hoje que o interesse dos leigos por assuntos psicológicos está declinando; e por serem as neuroses perturbações endócrinas ou formas benignas de psicoses, toda psicoterapia seria supérflua. Gostaria de alertar devidamente para este tipo de engano. Algumas orientações psicológicas podem sair da moda, mas a problemática psicológica está bem mais ampla e profundamente enraizada no público do que imagina o médico não especialista. Aqui existem responsabilidades sociais para o psicoterapeuta que, mais cedo ou mais tarde, exigirão um esforço conjunto, mesmo que haja certas questões existenciais conforme indicado pelo Dr. Morgenthaler.

1.063

Saudação ao nono congresso médico internacional de psicoterapia em Copenhague (1937)[*]

Pela primeira vez nossa Associação se reúne em Copenhague, atendendo ao amigável convite do grupo escandinavo. Nossa decisão de realizar o Congresso fora de seus limites anteriores demonstra sua natureza internacional. A diretoria de nossa Associação vinha sentindo há tempo a necessidade não só de ampliar os limites da psicologia clínica e da psicoterapia médica, mas também superar as barreiras geográficas e linguísticas. Ainda que o psicoterapeuta tenha que concentrar-se, em seu trabalho prático, no paciente individual e nos mínimos detalhes dele, como cientista, porém, precisa de uma visão com largos horizontes, não em seu próprio benefício, mas em prol dos pacientes cuja infinda diversidade exige dele uma compreensão também quase infinda. Em vista dessa necessidade, qualquer apego a limites artificiais seria uma catástrofe para nossa ciência, sejam estes limites de natureza nacional, política, linguística, confessional ou filosófica. É claro que o pesquisador individual está sempre limitado e precisa sempre limitar-se, mas sem uma interação viva com a abertura e diversidade de outros pontos de vista e de outras orientações, sua autolimitação perde qualquer sentido. Se, apesar de grandes dificuldades externas, conseguimos no ano passado não apenas preservar a organização original, mas estabelecer a internacionalidade da Associação através de uma série de grupos nacionais (alemão, holandês, dinamarquês, sueco, austríaco e suíço), então foi colocado ao menos

1.064

---

[*] De 2-4 de outubro de 1937.

um marco de esperança num desenvolvimento ainda mais promissor. É nosso desejo mais veemente poder contar, num futuro próximo, entre nossos associados também os colegas franceses e ingleses. Numa época em que a necessidade histórica coloca tanta ênfase na formação da individualidade nacional, o problema do relacionamento internacional também se torna uma exigência da compensação. As nações da Europa formam uma família europeia que, a exemplo de qualquer família, tem seu espírito próprio. Por mais distantes que estejam entre si os objetivos, repousam em última análise numa alma europeia comum, cujos aspectos e facetas não deveriam escapar ao conhecimento da psicologia prática.

1.065   Concordarão os senhores comigo que as condições atuais para uma organização internacional são muito precárias. Mas esta dificuldade não deve impedir-nos de preservar, apesar de todas as adversidades da época e na medida de nossas limitadas forças, os laços humanos e psíquicos da família europeia e fazer, no campo internacional, o que procuramos conseguir junto aos pacientes em nosso trabalho diário, isto é, evitar ao máximo o mal básico das *projeções sobre o vizinho*. Como todos sabemos, para tudo que existe há razões suficientes e só um mau psicólogo não consegue avaliar a importância dessas razões em sua abrangência total. É a grande tarefa de nossa ciência entender e ordenar tudo que acontece com as pessoas. Mas o que acontece com as pessoas é de uma variedade e multiplicidade incomensuráveis. E diante dessa quantidade confusa de aspectos e pontos de vista uma psicologia só pode manter-se estável se renunciar a qualquer compromisso apressado com dogmas e convicções doutrinárias e se deixar que se manifeste toda opinião baseada em razoáveis fundamentos. Na ciência não existem palavras de ordem ou espírito sectário que decidem sobre a verdade. Não podemos esquecer que a psicologia é uma ciência perigosa e também ameaçada por perigos. Enquanto ciência da psique, é aquilo que a psique diz de si mesma. Por isso é psicologicamente verdadeiro tudo o que existe psicologicamente. Mas as coisas que existem psicologicamente são em quantidade inumerável. Não posso desejar nada melhor à nossa Associação e em especial ao nosso Congresso que todas as opiniões sejam apresentadas e ouvidas. E que as mais diversas nações tragam sua peculiaridade para dentro do quadro geral da psique europeia.

Ainda me cabe o penoso dever de comunicar uma perda que 1.066
atingiu nossa Associação neste ano. No dia 3 de fevereiro faleceu Robert Sommer, cofundador e por longos anos o primeiro presidente da Associação Médica Geral e Internacional de Psicoterapia. Graças a seus conhecimentos filosóficos e psicológicos em geral e à sua pesquisa sobre a família em particular, aproximou-se de nosso campo específico e de suas hipóteses de trabalho. Sua decisão a nosso favor e sua colaboração abnegada e sempre pronta com nossos esforços merecem não apenas nossa profunda gratidão, mas também os maiores elogios, porque ocorreram numa época em que o ponto de vista psicológico ainda era objeto de aberta hostilidade na medicina. Nestas circunstâncias isto significava não apenas um ato de coragem, mas também um serviço que tornou possível a existência do movimento terapêutico na Alemanha e, em boa parte, o manteve vivo. Sua defesa da psicoterapia foi, ao lado da defesa de Eugen Bleuler, de capital importância para a continuação do desenvolvimento de novas ideias.

Pediria que, em memória de nosso fiel amigo e incentivador de 1.067
nossa causa, ficássemos todos de pé.

Senhoras e senhores, está aberto o Nono Congresso da Associa- 1.068
ção Médica Geral e Internacional de Psicoterapia. Em nome da Associação, gostaria de agradecer ao comitê organizador do Congresso e sobretudo ao Dr. Oluf Brüel e Poul Bjerre pelo convite e pela preparação cuidadosa do Congresso. Passo agora a palavra ao Dr. Brüel.

Saudação ao décimo congresso médico internacional de psicoterapia em Oxford (1938)*

Quando nos reunimos em Copenhague no ano passado, foi a primeira vez que nosso Congresso ocorreu fora da Alemanha. Pouco depois, nossos colegas britânicos propuseram um encontro na Inglaterra. Sempre foi um desejo meu estabelecer um vínculo entre a medicina psicológica do Continente e a Inglaterra, onde muito se fez pela causa da psicoterapia nos últimos dez anos e onde muitos médicos já se empenham no tratamento das neuroses ou se interessam pelos aspectos psicológicos da doença em geral. Estou certo de que falo em nome de todos os meus colegas quando expresso minha profunda gratidão a esta bela e antiga cidade de Oxford, famosa de há muito, aos nossos amigos ingleses e a todos aqueles cuja benevolência e apoio fraterno tornaram possível a organização do congresso. Somos profundamente reconhecidos ao comitê organizador e, em particular, ao Dr. Baynes, Dr. Strauss e Dr. Squires, por seus conselhos e generosa ajuda.

Antes de começar os trabalhos, gostaria que me permitissem algumas observações sobre a maneira como devem ser entendidas as intenções gerais de nosso congresso. Um dos mais sérios obstáculos para a colaboração no campo da psicoterapia é o fato peculiar de existirem diferentes escolas de pensamento que aparentemente são incompatíveis. Não que isto seja novidade na história da medicina, mas é um empecilho incômodo que protelou a união e colaboração de muitas pessoas que trabalham no campo da psicoterapia. A psico-

---

* De 29 de julho a 2 de agosto.

logia clínica é ainda uma planta delicada que precisa de cuidados especiais se quiser levar uma vida razoavelmente independente no futuro próximo. Mas, como pode alguém cuidar de seu desabrochamento se nem mesmo seus próprios representantes concordam sobre a coisa em si? Recentemente levantou-se em mais de um país esta grave pergunta: será que a psicoterapia poderia ou deveria ser ensinada nas universidades? Muitos médicos reconheceram que doenças bastante comuns vêm acompanhadas de distúrbios psicológicos cuja causa está relacionada com o sofrimento orgânico. Psiquiatras tomaram consciência de que muitas vezes as próprias psicoses apresentam um aspecto reconhecidamente psicológico e psicoterapeutas descobriram que casos-limites, rotulados com a sinistra palavra "esquizofrenia", não são inacessíveis a um tratamento psicológico. Na educação já se faz grande uso dos pontos de vista psicológicos elaborados por psicoterapeutas. Também o clero, tanto católico quanto protestante, está começando a interessar-se por nosso trabalho, porque são pessoas humanas como nós e se sentem sobrecarregadas e às vezes oprimidas pelos problemas morais complicados que as pessoas lhes trazem. Podemos falar tranquilamente de grande incremento do interesse público por nosso trabalho nos últimos dez anos. Ter interesse em psicologia é algo sério nos dias de hoje, e não mais uma extravagância ridícula como era considerada há vinte anos. Deveríamos hoje pensar seriamente e nos esforçar para congregar todas as pessoas de boa vontade em nossa profissão, a fim de corresponder às necessidades e exigências de nossa época. Na Suíça temos há vários anos um comitê de psicoterapia, nomeado pela Associação Suíça de Psicoterapia. E, como era de se esperar, nada aconteceu durante estes anos. Recentemente, porém, demos um passo, mas uma de nossas faculdades de medicina observou: "O que querem vocês ensinar, se nem mesmo concordam entre si sobre suas próprias teorias?"

1.071   Esta observação acertou em cheio a cabeça do prego. Mas o prego da psicoterapia tem várias cabeças e só uma delas foi atingida por esta crítica. Quem não está profissionalmente familiarizado com a psicologia, não percebe que ela inclui também uma parte prática bem grande e muito importante que pouco ou nada tem a ver com alguma teoria em particular. Mas é este último aspecto que é trazido ao público e surge, então, o preconceito de que a psicoterapia nada mais é do que uma teoria singular. Trata-se de um erro crasso. Na verdade, todo psicoterapeuta segue, em seu trabalho prático, uma linha que é mais ou menos comum a todos os seus colegas (suposto que não usem o hipnotismo). E cada um deles, não importando a escola a que pertença, segue sua própria linha, porque aprendeu da experiência que um bom trabalho envolve o homem todo e não é realizado através de simples rotinas ou credos teóricos. A própria natureza dos casos que estamos tratando nos obriga às vezes a mudar nosso método ou nosso enfoque teórico. Sabemos que a neurose não é uma infecção causada por micróbio específico, mas o desenvolvimento doentio de uma personalidade global. Sabemos também que os autores de teorias psicológicas são seres humanos com uma predisposição psíquica individual e que se inclinam mais para uma concepção ou interpretação do que para outra. Por um lado, temos que lidar com pacientes muito individuais e, por outro, baseamo-nos em opiniões que são válidas apenas relativamente. Estas verdades são incontestáveis. Deveriam precaver-nos contra pontos de vista inflexíveis e levar-nos a perguntar sobre o que estamos fazendo realmente com nossos pacientes, em vez de entrarmos numa disputa inútil sobre opiniões.

O comitê suíço de psicoterapia tentou formular alguns pontos com os quais poderiam concordar todos os psicoterapeutas que trabalhassem segundo as diretrizes da análise psicológica. O espírito democrático suíço nos ajudou a evitar todo absolutismo e conseguimos estabelecer catorze pontos de assentimento comum[1]. A nobre tentativa do presidente Wilson parece que apadrinhou nosso modesto empreendimento. Há pessoas que duvidam que a Liga das Nações consiga alguma coisa. Mas, na Suíça, nossa tentativa já deu frutos. Estamos dispostos a criar um Instituto de Psicoterapia.

1.072

---

1. Os catorze pontos "tratam do procedimento médico, psicogênese, diagnóstico, exploração, material (incluídas todas as formas possíveis de expressão humana, a linguagem ponderada, a linguagem da livre recordação, da fantasia, do sonho, dos sintomas e tratamento dos sintomas, a atitude), etiologia, o inconsciente, fixação, conscientização, análise e interpretação, transferência, a redução ontogenética, a redução filogenética, terapia" (*Zentralblatt für Psychotherapie und ihre Grenzgebiete*, IX/1-2, 1933, p. 2. Leipzig).

1.073 Nossos catorze pontos que discutirei a seguir foram ridicularizados como compromisso piegas que passa por cima das diferenças mais gritantes de opinião. Era exatamente o que queríamos. Quem quiser brigar por causa de opiniões pode passar o resto de sua vida com isto. Nós queríamos que algo fosse feito e isto não se consegue com discussões filosóficas sem fim sobre o sentido último da psique. Cada escola teve que sacrificar alguns cavalos de batalha e abrir mão da teimosia contra outros pontos de vista. Conseguiu-se algo como quase um milagre: nossas formulações chamadas de piegas e superficiais propiciaram uma colaboração cordial entre pessoas que antes acreditavam estar a milhas de distância umas das outras. Se meus colegas entenderem que a psicoterapia é nossa causa comum, haverá esperança de que assuma seu justo e bem merecido lugar entre os demais campos da ciência médica.

Escritos diversos do vol. 11

Prefácio ao livro de Victor White: Deus e o Inconsciente[1]

Quando, há muitos anos, expressei o meu desejo de colaborar com os teólogos, não sabia, na realidade – e nem mesmo sonhava –, até que ponto este desejo se cumpriria. O presente livro, para o qual tenho a honra de escrever um prefácio, é a terceira publicação[2] de maior vulto, da parte dos teólogos, escrita num espírito de colaboração e de mútuo esforço. Nos quinze anos de trabalho pioneiro que se passaram, sofri críticas justas e injustas em tal abundância, que sei valorizar uma tentativa de colaboração positiva. A crítica que venha deste lado é construtiva e, por isso, bem-vinda.

A psicopatologia e a psicoterapia, quando encaradas superficialmente, estão bastante distanciadas do campo especial de interesse do teólogo, por isso é de se esperar uma considerável soma de esforços preliminares a fim de estabelecer-se uma terminologia compreensível para ambas as partes. Para que isto seja possível, é necessário estabelecer certas ideias fundamentais. A mais importante dentre elas é a consideração de que o objeto de preocupação de ambos os lados é o ser humano psiquicamente doente e sofredor, que necessita de cuidados tanto no plano somático ou biológico, como no plano espiritual ou religioso. O problema da neurose se estende desde a esfera perturbada dos instintos até às questões e decisões finais da nossa cosmovisão. A neurose não é um fenômeno isolado e nitidamente definido; é

---

1. Escrito em 1952 para *God and Unconscious*. Texto alemão aparecido em 1957 (Em nossa tradução nos utilizamos também do texto inglês [N.T.].
2. As duas mais antigas destas obras são da autoria do Prof. Hans Schaer: *Religion und Seele in der Psychologie C.G. Jungs* e *Erlösungsvorstellungen und ihre psychologischen Aspekte*.

uma reação do ser humano *total*. Aqui, evidentemente, se proíbe uma terapia puramente sintomática, com muito mais rigor do que no caso de doenças meramente somáticas, embora estas possuam também invariavelmente uma componente ou síndrome psicológica. A medicina moderna começou, há pouco, a levar em consideração este fato, há muito salientado pelos psicoterapeutas. Do mesmo modo, longos anos de experiência me ensinaram, cada vez mais, que uma terapia em uma linha puramente biológica não é suficiente, mas requer uma complementação espiritual. O psicólogo médico percebe isto claramente, sobretudo quando se trata de questões referentes a *sonhos*, os quais, por serem manifestações do inconsciente, desempenham um papel de não menor importância na terapia. Quem quer que se entregue ao trabalho, nesta questão, com uma atitude honesta e crítica, vê-se obrigado a admitir que a tarefa de compreender corretamente os sonhos não é coisa assim tão simples como parece, mas exige cuidadosa reflexão, ultrapassando os limites do ponto de vista meramente biológico. A ocorrência indubitável de motivos arquetípicos nos sonhos nos oferecem um conhecimento completo da história do homem, indispensável para todos os que se esforçam seriamente em compreender, de fato, os sonhos. A semelhança entre certos motivos oníricos e os mitologemas é tão sensível que devem ser considerados não só como semelhantes, mas até mesmo como idênticos. Mediante este conhecimento não só se eleva o sonho a um plano mais alto e mais amplo, como também, ao mesmo tempo, todos os problemas da mitologia são colocados em conexão com a vida psíquica do indivíduo. Do mitologema ao enunciado religioso é um passo. Mas enquanto as figuras míticas aparecem como pálidos fantasmas e relíquias de uma época há muito passada, o enunciado religioso representa uma experiência numinosa imediata. É um *mitologema vivo*.

451   Aqui o modo de pensar e de se exprimir do empirista o coloca em dificuldades com o teólogo. Este – principalmente quando faz do Evangelho um dogma ou o "desmitologiza" – rejeita a ideia do "mito", pois esta lhe parece uma depreciação do testemunho religioso, em cuja verdade suprema ele crê. Mas, por outro lado, o empirista, cuja orientação é a das ciências naturais, não liga qualquer ideia de valor ao conceito de "mito". Ele vê o mito apenas como uma "expressão de processos que se passam no inconsciente", atitude esta

que também é válida para os textos religiosos. Ele não possui meio algum para decidir se estes últimos são "mais verdadeiros" do que o mitologema; porque entre os dois ele só vê uma diferença: a diferença quanto à intensidade vital, e nada mais. O assim chamado testemunho religioso é ainda "numinoso", qualidade que o mito já perdeu em sua maior parte. O empirista sabe que os ritos e figuras tidos outrora como "sagrados" se tornaram obsoletos e novas figuras se tornavam numinosas.

O teólogo pode acusar o empirista, dizendo que este *possui* os meios que lhe permitem resolver a questão da verdade, mas que simplesmente não quer fazer uso deles, referindo-se com isto à verdade da revelação. O empirista perguntará, então, com toda a humildade: Qual, entre tantas verdades da revelação, e onde está a prova de que uma das interpretações é mais verdadeira do que as outras? Nem os próprios cristãos parecem estar de acordo sobre este ponto. Enquanto estes altercam entre si, o médico se ocupa de um caso urgente e não pode esperar até que certos cismas que duram de longa data cheguem, afinal, a um desfecho. E lançará mão, incontinenti, daquilo que é vital para seu paciente e, por conseguinte, também eficaz. Não pode prescrever a seu paciente uma cosmovisão abstrata, considerada como um sistema vivo, mas, mediante cuidadosa e perseverante investigação, esforçar-se-á por descobrir onde a pessoa enferma sente uma qualidade vital e curativa que possa plenificá-la. Sua primeira preocupação não é, nem pode ser, a de saber se esta chamada verdade traz ou não a marca oficial da validez. Se o enfermo, porém, é capaz de reencontrar-se por este meio e de se recuperar, então o problema da reconciliação consciente de sua "compreensão" individual – ou qualquer outro nome que se queira dar a esta nova percepção ou experiência de reanimação – com as opiniões e convicções coletivamente válidas torna-se um assunto de importância vital. Aquilo que é apenas individual nos isola, e a pessoa enferma nunca será curada, se fizermos dela um simples individualista. Ela continuará neurótica não relacionada e alienada de seu grupo social. Mesmo a psicologia dos instintos, exclusivamente personalística, de Freud, viu-se obrigada a compor, pelo menos negativamente, com as verdades universalmente válidas, as *représentations collectives* (representações coletivas) primordiais da sociedade humana. O materialismo científico

452

não é, absolutamente, um assunto religioso ou filosófico privado, mas um *negócio de importância coletiva*, como podemos ver pela história contemporânea. Em vista da extraordinária importância das chamadas verdades universais, um ajustamento entre as "compreensões" individuais e as convicções sociais torna-se uma necessidade urgente. Da mesma forma que uma pessoa enferma, com suas características individuais, deve encontrar uma maneira de conviver com a sociedade, assim também será uma tarefa urgente comparar as visões obtidas através da exploração do inconsciente, com as verdades universais, e colocá-las em mútua relação.

453 Grande parte de minha vida foi dedicada a esta obra. Por isso, desde o começo percebi claramente que sozinho nunca poderia dar conta desta tarefa. Embora eu possa defender a realidade dos fatos psicológicos, está muito acima de minhas forças pôr em ação os processos de assimilação exigidos pelo seu ajustamento às *représentations collectives*. Isto requer a colaboração de muitos, e acima de tudo daqueles que são os expoentes das verdades universais, ou seja, os teólogos. Depois do médico, eles são os únicos que, por profissão, ocupam-se com a alma humana, com exceção talvez dos educadores. Mas estes últimos se limitam às crianças, as quais, via de regra, só indiretamente sofrem com os problemas da época, através dos pais e mestres. Certamente para o teólogo será de uma ajuda preciosa conhecer o que se passa na alma dos adultos; e o médico responsável, por sua vez, deve ir pouco a pouco compreendendo o papel sumamente importante que a atmosfera espiritual desempenha na economia psíquica.

454 Devo expressar meu agradecimento pelo fato de que a cooperação há tanto tempo por mim desejada e esperada se tornou realidade. O presente livro é testemunho disto, pois vai ao encontro da preocupação da psicologia médica, não só por sua compreensão intelectual, como também por sua boa vontade. Só um otimismo desprovido de crítica poderia esperar que um tal encontro fosse como um caso de amor à primeira vista. Os pontos de partida são por demais afastados e muito diferentes para poder se chegar a isto, e o caminho até o lugar de encontro é demasiado longo e demasiado áspero para esperarmos simplesmente chegar a um acordo. Não tenho a pretensão de saber o que o teólogo compreende mal, ou deixa de compreender, sob

o ponto de vista empírico, porque para mim já constitui uma tarefa considerável procurar avaliar corretamente suas premissas teológicas. Se não estou enganado, uma das principais dificuldades consiste no fato de que os dois parecem falar a mesma linguagem, mas ela deixa transparecer em ambos dois campos de associação totalmente diversos. Um e outro podem usar aparentemente o mesmo conceito e, em seguida, ser obrigados a reconhecer, para seu próprio espanto, que estão falando de duas coisas completamente diferentes. Tomemos, por exemplo, a palavra "Deus". O teólogo naturalmente pensa que o termo significa o *Ens Absolutum metafísico*. O empirista, pelo contrário, nem de longe sonhará com essa hipótese de largo alcance, que lhe parece impossível; mas, quando usa esta palavra, pensa naturalmente num mero enunciado ou, no máximo, em um tema arquetípico que preforma tais enunciados. Para ele, "Deus" tanto pode significar Javé, como Alá, Zeus, Shiva ou Huizilopochtli. Os atributos divinos de onipotência, onisciência, eternidade, etc., são para ele enunciados que, sintomaticamente ou como síndromes, acompanham mais ou menos regularmente o arquétipo. Ele confere à imagem divina um caráter numinoso, isto é, um efeito emocional, que aceita, em primeiro lugar, como um fato real e às vezes procura explicar racionalmente de maneira mais ou menos insatisfatória. Como cientista, seu primeiro interesse é a verificação do fato psíquico real e sua regularidade, aos quais atribui uma importância incompreensivelmente maior do que às possibilidades abstratas. Sua *religio* (religião) consiste em estabelecer os fatos que podem ser observados e demonstrados. Ele os descreve e os define, como o mineralogista descreve e define as suas amostras de minerais e o botânico, as suas plantas. Ele tem consciência de que nada pode conhecer além dos fatos prováveis e que, no máximo, só pode sonhar, considerando imoral confundir sonho com conhecimento. Ele não nega o que não experimenta nem pode experimentar, e de forma alguma afirmará algo que acredita não poder demonstrar por meio de fatos concretos. É verdade que fui acusado frequentemente de ter simplesmente sonhado com arquétipos. Devo, contudo, lembrar a estes críticos apressados que existia um estudo comparativo dos motivos, muito antes de que eu falasse em arquétipos. O fato de que surjam temas arquetípicos na psique de pessoas que nunca ouviram falar de mitologia pode ser esquecido por qualquer um que tenha investigado o processo de formação das ilusões esquizofrênicas, se os seus olhos antes não foram abertos, sob este aspecto, pela difusão universal de certos mitologemas. A ignorância e a estreiteza intelectual, mesmo que esta última seja só de ordem política, jamais constituíram argumentos científicos conclusivos[3].

455   Devo contentar-me em descrever o ponto de vista, a fé, a luta, a esperança e a dedicação do empirista, que culminam infalivelmente na descoberta e na verificação de fatos prováveis e em sua hipotética interpretação. Quanto ao ponto de vista teológico, remeto o leitor à autorizada e competente exposição do autor deste livro.

456   Quando os pontos de vista diferem tão amplamente, é compreensível que ocorram muitos choques, de natureza mais ou menos importante. São importantes sobretudo quando uma das partes ameaça intrometer-se no domínio da outra. Minha crítica à doutrina da *privatio boni* (privação de um bem) representa um destes casos. Aqui o teólogo tem certa razão em temer uma intrusão por parte do empirista. Esta discussão deixou sua marca no presente livro, como o próprio leitor pode constatar. Por isso eu me sinto à vontade para usar o meu direito de crítica franca, tão generosamente a mim oferecido pelo autor, e apresentar ao leitor o meu ponto de vista.

457   Eu nunca teria sonhado me defrontar um dia com um problema aparentemente tão distante do meu trabalho prático como o da *privatio boni*. Quis, porém, o destino que eu tratasse de um paciente, um cientista, que se viu envolvido em todos os tipos de práticas duvidosas e moralmente questionáveis. Ele se mostrava um adepto fervoroso da *privatio boni*, porque isto se ajustava admiravelmente a seu esquema de pensar. O mal em si nada é; não passa de mera sombra, de uma insignificante e passageira diminuição do bem, a modo de uma nuvem que passa diante do sol. Este homem se declarava protestante fiel e por isso não tinha razão alguma para apelar para uma *sententia communis* da Igreja Católica, se esta não lhe tivesse proporcionado um sedativo bem-vindo para o alívio de sua consciência. Foi este caso o que me levou originariamente a defrontar-me com o pro-

---

3. O fato de a psique não ser uma *tabula rasa*, mas trazer consigo tantas condições instintivas quanto à vida somática, não atende às exigências de uma filosofia marxista. É verdade que a alma pode ser estropiada tanto quanto o corpo. Mas uma tal perspectiva não agradaria ao marxismo.

blema da *privatio boni* e seus aspectos psicológicos. Para o empirista é axiomático que o aspecto metafísico de tal doutrina não lhe diz respeito, porque ele sabe que só está tratando de julgamentos morais, e não de substâncias. Nós dizemos que uma coisa é boa ou má sob um certo ponto de vista, que está ou em cima ou embaixo, à direita ou à esquerda, que é clara ou obscura, etc. A tese é tão verdadeira ou real quanto a antítese[4]. A ninguém ocorrerá a ideia – salvo em circunstâncias muito especiais e para fins bem determinados – de definir o frio como um calor reduzido, a profundidade como uma altura reduzida e a direita como uma esquerda reduzida. Com este tipo de lógica alguém poderia, do mesmo modo, considerar o bem como uma diminuição do mal. O psicólogo acharia uma tal formulação bastante pessimista, mas de um ponto de vista lógico nada teria a objetar contra ela. Em lugar de noventa e nove poder-se-ia dizer também cem menos um, se não parecesse tão complicado. Mas, se ele, como pessoa moral, se surpreendesse sofismando a respeito de uma ação imoral, por considerá-la otimisticamente como uma certa diminuição do bem, único verdadeiro, ou como "ausência acidental de perfeição", deveria chamar-se imediatamente à ordem. Seu melhor julgamento dir-lhe-ia: se o teu mal, na verdade, é apenas a sombra irreal de teu bem, então o teu pretenso bem nada mais é do que a sombra irreal de teu real. Se ele não reflete deste modo, ilude-se a si próprio e as autorreflexões desta espécie têm efeitos dissociantes que geram neuroses, como, por exemplo, o sentimento de inferioridade, com todos os fenômenos concomitantes já conhecidos.

Por esta razão vi-me forçado a pôr em dúvida a validez da *privatio boni* no que respeita ao domínio da experiência. Pelos mesmos motivos critico também a máxima derivada da doutrina da *privatio boni*: "Omne bonum a Deo, omne malum ab homine"[5], porque, então, de um lado, priva-se o homem da possibilidade de fazer alguma coisa de bom e, por outro lado, lhe é dado o poder sedutor do mal. A

458

---

4. Uma sugestão recente de que o mal seria uma "decomposição" do bem não traz modificações a este respeito. Um ovo estragado é tão real quanto um ovo fresco.

5. A justeza desta máxima me parece duvidosa, porque dificilmente se pode responsabilizar Adão pela maldade da serpente.

única dignidade que lhe resta é a do anjo decaído. Meu leitor vê que tomo esta máxima ao pé da letra.

459   A crítica só pode ser aplicada a fenômenos psíquicos, isto é, a ideias e conceitos, mas não a entidades metafísicas. Estas últimas só podem ser confrontadas consigo mesmas. Minha crítica, portanto, é válida somente no âmbito empírico, ao passo que no âmbito da metafísica o bem pode ser uma substância e o mal um μὴ ὄν (não ente). Não conheço qualquer fato empírico que se aproxime de uma tal asserção. Por isso, neste ponto o empirista deve guardar silêncio. Entretanto, é possível que aqui, como no caso de outros enunciados metafísicos, e particularmente no caso dos dogmas, existam, no fundo, fatores arquetípicos preformativos, presentes desde épocas imemoriais e psiquicamente eficazes, e que estes fatores sejam acessíveis a uma pesquisa empírica. Em outras palavras, é possível que exista uma tendência psíquica pré-consciente, que, independentemente do tempo e do espaço, produza continuamente enunciados semelhantes, como é o caso dos mitologemas, dos motivos folclóricos e da produção individual dos símbolos. Parece-me, no entanto, que o material empírico existente não permite – pelo menos até onde me ensina a experiência – uma conclusão decisiva que me indicasse um condicionamento arquetípico da *privatio boni*. As definições morais bem claras são – se não me engano – aquisições recentes do homem civilizado. Por isso ainda são frequentemente nebulosas e incertas, ao contrário de outros pares de contrários que são indubitavelmente de natureza arquetípica e representam condições básicas para o conhecimento consciente em geral, como o platônico ταὐτὸν-θἄτερον (o mesmo e o outro).

460   Como qualquer outra ciência empírica, minha psicologia também requer conceitos auxiliares, hipóteses e modelos. Mas o teólogo, tanto quanto o filósofo, pode facilmente cometer o erro de tomá-los por asserções metafísicas *a priori*. O átomo de que o físico fala não é uma hipótese metafísica, mas um *modelo*. Assim também meu conceito de arquétipo ou de energia psíquica é apenas uma ideia auxiliar que pode ser *substituída*, em qualquer época, por uma fórmula melhor. Observados a partir de um ponto de vista filosófico, meus conceitos empíricos seriam monstros lógicos, e como filósofo eu faria uma triste figura. Teologicamente considerado, meu conceito de *ani-*

ma, por exemplo, é puro gnosticismo; por isso tenho sido frequentemente classificado entre os gnósticos. Além do mais, o processo de individuação desenvolve um simbolismo cujos similares mais próximos devem ser procurados nas concepções folclóricas, gnósticas, alquimistas e outras de natureza "mística", bem como nas do xamanismo. Quando materiais desta espécie são usados para fins de comparação, o leitor vê-se diante de uma onda de provas "exóticas", "forçadas", de modo que, se apenas folhear o livro, ao invés de lê-lo, poderá facilmente ser vítima da ilusão de que se acha diante de um sistema gnóstico. Na realidade, porém, o processo de individuação é um fato biológico – simples ou complicado, dependendo das circunstâncias – mediante o qual todo ser vivo torna-se aquilo que está destinado a ser desde o começo. Este processo, naturalmente, manifesta-se no homem tanto psíquica quanto somaticamente. Do lado psíquico ele produz, por exemplo, a bem conhecida quaternidade, cujos paralelos podem ser encontrados tanto nos manicômios como no gnosticismo e em outros exotismos, também, seja dito, na alegoria cristã. Por conseguinte, não se trata, absolutamente, de especulações místicas, mas de observações clínicas e de sua interpretação por meio de comparações com fenômenos análogos, ocorridos em outros domínios. Não é à fantasia ousada do especialista em anatomia que se deve responsabilizar, quando ele mostra que o esqueleto humano está intimamente relacionado com o de certos antropoides africanos dos quais o leigo no assunto nunca ouviu falar.

É certamente notável o fato de que meus críticos, com poucas exceções, ignoram que, como médico estudioso, parto sempre de fatos empíricos que cada um deles tem a possibilidade de verificar. Mas criticam-me por causa disto, como se eu fosse um filósofo ou um gnóstico que pretendesse possuir conhecimentos sobrenaturais. Naturalmente é mais fácil combater-me como filósofo e especulador herético. Esta é, talvez, a razão pela qual se pretende ignorar os fatos que descobri e provei, ou negá-los sem escrúpulos. Mas são os fatos que principalmente me interessam, e não uma terminologia provisória ou tentativas de reflexão teórica. O fato de que existam arquétipos não pode ser eliminado simplesmente se dizendo que não há representações inatas. Nunca sustentei que o arquétipo em si seja uma imagem, mas indiquei expressamente que o considero como um *modus* sem conteúdo definido.

462 Em face da variedade e multiplicidade desses mal-entendidos, vejo-me obrigado, de modo particular, a atribuir um alto valor à verdadeira compreensão do autor cujo ponto de partida é diametralmente oposto ao das ciências naturais. Ele se empenhou com êxito em sentir por dentro, na medida do possível, o modo de pensar de um empirista, e se nem sempre o conseguiu inteiramente em sua tentativa, serei a última pessoa a criticá-lo por isto, pois estou convencido de que, involuntariamente, sou culpado de muitas ofensas contra o modo de pensar dos teólogos. Discrepâncias desta espécie só podem ser resolvidas por meio de longas e cansativas discussões, mas elas também têm o seu lado bom: não somente duas esferas espirituais, aparentemente inconciliáveis, entram assim em contato, como também se verificam e se fecundam mutuamente. Isto exige muita boa vontade de ambas as partes. A este respeito, quero expressar aqui o meu mais sincero e irrestrito aplauso ao autor. Ele tratou o ponto de vista oposto com extrema elegância, o que é para mim de muita valia, e ao mesmo tempo ilustrou o ponto de vista teológico de modo altamente instrutivo. O médico psicoterapeuta não pode ignorar por muito tempo a existência de sistemas religiosos de cura – se nos é permitido descrever a religião sob este aspecto – e menos ainda o teólogo, na medida em que ele se empenha na *cura animarum* (a cura das almas), pode dar-se ao luxo de ignorar as experiências da psicologia médica.

463 No domínio prático, que é o do tratamento individual, parece-me que não surgirão dificuldades sérias. Estas só podem aparecer ali onde começa o confronto entre a experiência individual e as verdades universais. No caso individual esta necessidade usualmente só ocorre depois de longo tempo, se é que ocorre. Na terapia prática não são raros os casos em que todo o tratamento se realiza, no plano pessoal, sem experiências interiores suficientemente definidas para se chegar a um ajuste com as convicções gerais. Na medida em que o paciente permaneça firme no âmbito de sua fé tradicional, ele traduzirá esta experiência na visão de sua fé, mesmo que seja movido ou sacudido por um sonho arquetípico. Esta operação parece questionável ao empirista (se ele for um fanático da verdade), mas pode ser inofensiva ou até mesmo conduzir a um resultado satisfatório, na medida em que é *legítima* para este tipo de pessoa. Costumo persuadir a meus alunos que não tratem seus pacientes como se fossem todos

iguais: a população é constituída de várias camadas históricas. Há pessoas que, psicologicamente falando, poderiam ter vivido, da mesma maneira, no ano cinco mil antes de Cristo, isto é, pessoas que ainda conseguem resolver seus conflitos como se fazia há sete mil anos. Há inúmeros bárbaros e pessoas da Antiguidade na Europa e em todos os países civilizados, e também um grande número de cristãos medievais. Por outro lado, são relativamente poucos os que atingiram o grau de consciência a que é possível chegar em nossa época. Devemos também contar com o fato de que alguns dentre nós pertencem ao terceiro ou quarto milênio da era cristã, sendo, consequentemente, anacrônicos. Por isto é de todo "legítimo", psicologicamente falando, que uma pessoa medieval resolva os seus conflitos, hoje, em relação ao século XIII, e trate sua sombra como encarnação do diabo. Para uma tal pessoa qualquer outro procedimento seria inatural e errôneo, porque sua fé é a do cristão do século XIII. Para a pessoa que, por temperamento, isto é, psicologicamente, pertence ao século XX, certas considerações que não entram na cabeça do espécime humano medieval têm sua importância. Quão forte é ainda o espírito medieval entre nós pode-se ver, entre outros indícios, pelo fato de que uma verdade tão simples como a qualidade psíquica das figuras metafísicas simplesmente não entra na cabeça de muitas pessoas. Não se trata absolutamente de uma questão de inteligência e de cosmovisão, uma vez que o materialista também não consegue ver até que ponto, por exemplo, Deus é uma entidade psíquica absolutamente necessária, que não insiste em um nome determinado, mas pode ser chamado de razão, energia ou mesmo eu.

O fato de existirem diversas camadas históricas deve ser encarado com muita atenção pelo psicoterapeuta, do mesmo modo que a possibilidade de uma capacidade latente de posterior evolução, que dificilmente se poderia considerar como garantida.   464

Da mesma forma que o ponto de vista racional, isto é, racionalista, satisfaz o homem do século XVIII assim também o ponto de vista psicológico é o que mais corresponde às exigências do homem do século XX. Mesmo o racionalismo mais gasto significa muito mais para o primeiro do que a melhor explicação psicológica, pois ele não é capaz de pensar psicologicamente, e só pode operar com conceitos racionais que não devem, de maneira alguma, ter sabor de metafísica,   465 uma vez que esta última é tabu. Ele colocará o psicólogo imediatamente sob suspeição de misticismo, pois a seus olhos um conceito racional não pode ser nem metafísico nem psicológico. As resistências contra o ponto de vista psicológico, que considera os processos psíquicos como fatos reais, são todos – assim o temo – de natureza anacrônica, inclusive o conceito de psicologismo, que também não compreende a natureza empírica da psique. Para o homem do século XX isto representa uma questão da mais alta relevância, pois ele reconheceu, de uma vez por todas, que o mundo não existe sem pelo menos um observador. E consequentemente nenhuma verdade poderia existir se não houvesse alguém para registrá-la. A garantia única e imediata da realidade é o observador. Até mesmo a Física, a menos psicológica de todas as ciências – e precisamente ela –, depara com o problema do observador no ponto decisivo. É este conhecimento que imprime sua marca ao nosso século.

466　Seria um anacronismo, isto é, uma regressão para o homem do século XX resolver seus conflitos racionalística e metafisicamente; por isso ele construiu para si – *tant bien que mal* (bem ou mal) – uma psicologia, porque lhe é impossível ir para frente sem ela. O teólogo, da mesma forma que o médico do corpo, fará bem em levar a sério esta realidade, se não quiser se expor ao risco de perder o contato com sua época. Não é uma tarefa fácil para o médico de orientação psicossomática ver seus quadros clínicos tradicionais e sua etiologia à luz incomum da psicologia; da mesma forma, para o teólogo não custará menos esforço ajustar seu pensamento ao novo fato, isto é, à existência da psique e, particularmente, do inconsciente, de modo a poder atingir também o homem do século XX. Nenhuma arte, ciência ou instituição que se ocupe do ser humano poderá evitar o efeito da evolução provocada pelos psicólogos e físicos, mesmo que lhe contraponham os mais obstinados preconceitos.

467　O livro do Padre White tem o mérito de ser a primeira obra teológica do lado católico a tratar profundamente das consequências dos novos conhecimentos empíricos no domínio das *representações arquetípicas coletivas* e a fazer uma séria tentativa para interpretá-las. Embora o livro se dirija em primeiro lugar ao teólogo, o psicólogo e o médico terapeuta também poderão dele extrair uma rica messe de conhecimentos.

Prefácio ao livro de Z. Werblowsky: Lúcifer e Prometeu[1]

O autor deste livro submeteu-me o seu manuscrito, pedindo-me que escrevesse uma introdução para o mesmo. Como se trata substancialmente de uma pesquisa sobre história da literatura não me sinto absolutamente com competência para expressar minha opinião a respeito. Mas o autor reconheceu muito acertadamente que, se o problema do *Paradise Lost* constitui, antes de tudo, objeto de crítica, no fundo trata-se de uma obra confessional, que não tem pouco a ver com certos pressupostos psicológicos. É verdade que ele tocou apenas ligeiramente nestes últimos – aliás *expressis verbis* –, mas o fez com suficiente clareza, de modo a se perceber a razão pela qual apela para o meu interesse por questões de psicologia. Entretanto, por menos inclinado que eu me sinta a considerar a *Divina comédia* de Dante, o *Messias* de Klopstock ou a obra de Milton como um campo particularmente favorável para um comentário psicológico, não posso deixar de reconhecer o tino especial do autor em relação a este ponto. Não há dúvida de que ele notou que a problemática de Milton talvez pudesse ser explicada pelo tipo de pesquisa que corresponde ao meu campo específico de trabalho.

Trata-se da figura de satanás que ocupa, como tema tradicional, de um lado, o pensamento e a criação artística poético-religiosa, e, do outro, constitui, como mitologema, uma expressão constante há dois mil anos e resultante, originariamente, do processo inconsciente de formação de certas imagens "metafísicas". Nosso julgamento certamente estaria errado se admitíssemos que tais representações pro-

---

1. Escrito em 1951.

vêm da interpretação racionalista. As antigas imagens dos deuses, e mesmo o pensamento em geral, mas de modo particular o pensamento numinoso, têm sua origem na *experiência vital*. O pensamento *aparece* ao primitivo; não é produzido. O pensamento orientado constitui uma aquisição relativamente tardia. Assim, a imagem numinosa é muito mais uma expressão de processos inconscientes do que o resultado de uma operação racional. Isto faz com que ela seja incluída na categoria das realidades psicológicas, surgindo daí o problema relativo a seus pressupostos psíquicos. Temos que pensar aqui num processo de formação de símbolos que se estende por vários séculos e tende constantemente a tornar-se consciente. Começa nas brumas do passado pré-histórico, com as imagens primígenas a que chamamos arquetípicas e, progressivamente, num trabalho lento e contínuo de diferenciação, as conduz a uma configuração consciente. Podemos ilustrar, o que acabamos de dizer, com exemplos tirados da história das religiões ocidentais. Refiro-me à evolução do dogma de que também faz parte a figura de Satanás. Um arquétipo bastante conhecido é, por exemplo, a tríade divina que se perde nas cinzas do passado. Nos primeiros séculos da era cristã ela volta a aparecer na fórmula trinitária cristã na versão pagã: *Hermes ter unus!* (Hermes três vezes um). Também não é difícil perceber que a grande deusa de Éfeso ressuscitou na θεοτόχος (mãe de Deus). Este último problema, depois de uma latência aparente de vários séculos, retomou o seu fluxo com a *Conceptio immaculata* (Imaculada Conceição) e recentemente com a *Assumptio* (Assunção). A imagem da *Mediatrix* (Mediadora) quase atinge a perfeição almejada pela Antiguidade. E aqui é oportuno observar, de modo particular, que por trás da *declaratio solemnis* (definição solene) não está absolutamente uma opinião arbitrária da autoridade papal, mas um movimento anônimo do povo católico. Os inúmeros milagres atribuídos a Maria, e que precederam estas definições, também são autóctones e brotam diretamente da vida psíquica inconsciente do povo, como experiências genuínas e verdadeiras.

Não quero acumular aqui desnecessariamente os meus exemplos, mas apenas deixar indicado que a figura de Satanás passou por uma estranha evolução, desde seu primeiro e obscuro aparecimento nos textos do Antigo Testamento, até um verdadeiro "florescimento" no seio do cristianismo. Ela tornou-se clara e inegável como personificação do princípio mau e adverso; mas não foi a primeira vez que isto ocorreu, pois alguns séculos antes já encontramos o Seth dos egípcios e o Ahriman dos persas. Houve quem admitisse a influência principalmente persa em relação ao demônio cristão. Mas é a concepção de Deus como *summum bonum*, a qual se distingue nitidamente da concepção do Antigo Testamento e postula diretamente – por motivo de equilíbrio psíquico – a existência de um *summum malum*, que constitui o fundamento propriamente dito da figura do diabo. Entretanto, para se chegar à existência deste *summum malum* não se necessitava de um raciocínio lógico, mas apenas da tendência natural e inconsciente ao equilíbrio e à simetria. É por isso que já encontramos em Clemente de Roma a concepção de Cristo como a mão direita e do diabo como a mão esquerda de Deus, sem falar da visão judeu-cristã que conhecia dois filhos de Deus, sendo satanás o filho mais velho e Cristo o filho mais novo. A figura do diabo alçou-se, então, a uma altura metafísica de tal intensidade, que foi preciso, a partir do século IV, despojá-la energicamente de seu poder, aliás sob a influência ameaçadora do maniqueísmo. Isto se fez mediante uma reflexão – desta vez de maneira racionalista, e que é, ao mesmo tempo, um verdadeiro exemplar de sofisma – ou, mais precisamente, pela definição do mal como sendo uma *privatio boni*. Tal fato, entretanto, não impediu que surgisse, no século XI, em muitos lugares da Europa (sob o influxo do catarismo), a crença de que foi o diabo e não Deus que criou o mundo. Isto fez com que o arquétipo do *demiurgo imperfeito*, que gozara de particular estima, sobretudo, e por último entre os gnósticos, reaparecesse sob uma forma modificada. (O arquétipo que conduziu a isto deve ser procurado, ao que me parece, no primitivo *jester* cosmogônico)[2]. Com a erradicação da heresia, que se estendeu até os séculos XIV e XV, houve uma certa pausa; mas com a Reforma protestante a figura de satanás voltou a ocupar a atenção dos homens. Basta lembrar a imagem que Jacob Boehme traçou do Mal, que deixa bem para trás a da *privatio boni*. O mesmo se pode dizer de Milton. Este pertence ao mesmo clima. Embora Boehme não

---

2. Cf. JUNG, C.G. Zur Psychologie der Schelmenfigur. In: RADIN; KERÉNYI, K. & JUNG, C.G. *Der Göttliche Schelm*. [s.l.]: [s.e.], 1954 (OC, 9/1).

tenha provindo, a rigor, da filosofia alquimista, ainda hoje muito depreciada, o certo é que extraiu dela certas ideias-mestras, entre as quais uma particular estima por satanás, o qual em Milton ganhou proporções de figura cósmica de primeiro plano, emancipando-se inclusive do papel obediente de mão esquerda de Deus (reconhecida por Clemente). Milton vai mais longe do que Boehme, e concebe o diabo como um verdadeiro *principium individuationis*, significado este que os alquimistas já haviam pressentido há muito. Para citar apenas um exemplo: "Ascendit a terra in coelum, iterumque descendit in terram et recipit vim superiorum et inferiorum. Sic habebis gloriam totius mundi".[3] É deste modo que se expressa uma clássica autoridade alquimista, cuja validez, ao que me parece, se estendeu pelo menos ao longo de treze séculos de alquimia. As palavras acima se referem não propriamente a Satanás, mas ao *filius Philosophorum* cuja simbologia coincide com a do si-mesmo, como creio ter demonstrado. O *filius* dos alquimistas é uma das formas de manifestação de *Mercúrio*, definido como "duplex" e "ambiguus" e conhecido também fora do âmbito da Alquimia como *utriusque capax* – capaz de tudo. Sua metade "obscura" tem relação com Lúcifer, como se pode demonstrar.

471 Na época em que Milton escreveu sua obra, estas ideias andavam no ar, isto é, faziam parte do patrimônio cultural mais ou menos comum, e houve alguns mestres que estavam até mesmo cônscios de que sua pedra filosofal nada mais significava do que o *homem todo*. O próprio paralelo Satanás-Prometeu mostra-nos muito claramente que o diabo de Milton constitui uma encarnação do processo de individuação humana e, por isso, entra na esfera da Psicologia. Esta proximidade, como sabemos, se revela perigosa não só para a metafísica de satanás, como igualmente para a de outras figuras numinosas. Com o advento do Iluminismo, a metafísica sofreu um abalo e a cisão que daí resultou, entre a Ciência e a Fé, não pôde mais ser reparada. É verdade que as figuras mais numinosas da metafísica puderam ser reconstituídas de algum modo, mas isto não ocorreu com o diabo.

---

3. (Ele sobe da terra ao céu, e de novo desce do céu à terra e recebe a força do alto e de baixo. Assim terás toda a glória do mundo). RUSKA, J. *Tabula smaragdina:* ein Beitrag zur Geschichte der hermetischen Literatur. Heidelberg: [s.e.], 1926.

No *Fausto* de Goethe ele se transforma no espírito *familiaris* de natureza muito pessoal, na "sombra" do herói esforçado. O protestantismo racionalista liberal o excluiu, por assim dizer, da ordem do dia. Foi relegado a segundo plano, como figura incômoda do Olimpo cristão, e com isto se impôs o princípio, aliás bem visto pela Igreja, de que "omne bonum a Deo, omne malum ab homine"[3a]. O diabo passou então para o âmbito da Psicologia.

Mas uma das regras da Psicologia diz-nos que o arquétipo que perdeu sua hipóstase metafísica se identifica com a consciência individual, a influencia e a transforma segundo as suas tendências. E como um arquétipo possui sempre uma certa numinosidade, sua integração produz, em geral, uma inflação do sujeito. Por isso está simplesmente em consonância com a expectativa psicológica a definição que Goethe dá ao seu *Fausto*, como sendo o *super-homem* (Übermensch). Esta figura penetra, através de Nietzsche, a Psicologia política, até a época mais recente, mostrando que se encarnou na criatura humana, com todas as consequências decorrentes de uma tal dominação.

Como os indivíduos humanos não estão separados uns dos outros por compartimentos estanques, esta inflação infecciosa se alastrou de maneira geral, produzindo uma insegurança moral e ideológica verdadeiramente notável. O médico psicólogo deve interessar-se por esta última, por razões ligadas à sua profissão, e é isto que leva um psiquiatra a escrever uma introdução a um estudo crítico sobre o *Paraíso* de Milton. Como se trata aqui de um encontro sumamente disparatado, o melhor meio de desincumbir-se desta tarefa foi talvez este: o de explicar ao leitor benévolo, com certa abundância de detalhes, como é que o diabo foi parar no consultório do psiquiatra.

[3a]. Todo bem provém de Deus e todo o mal provém do homem.

Bruder Klaus[1]

Tenho diante de mim um pequeno escrito da autoria do Padre Alban Stoeckli, OFMCap.: *Die Visionen des seligen Bruder Klaus* (As visões do bem-aventurado Irmão Klaus). Que benévolo leitor não se assuste! O fato de o psiquiatra tomar da pena não significa, por si só, que se prepare para cometer mais uma de suas "mancadas psicopatológicas" contra uma veneranda figura. É verdade que o psiquiatra já pecou gravemente, alguma vez, utilizando erroneamente o seu saber em lugar inadequado. Mas nada de semelhante acontecerá aqui, nem pretendemos fazer diagnóstico ou análise, nem alusões significativas a possíveis casos patológicos, como também não procuraremos, de um modo ou de outro, aproximar o bem-aventurado Nicolau de Flüe da clínica patológica. Por isso parecerá tanto mais estranho ao leitor que justamente um médico venha a discutir o livro em questão. Admito que este fato é difícil também de ser explicado para quem não conheça minhas opiniões desatualizadas em relação às visões e coisas semelhantes. Quero dizer que, sob este ponto de vista, eu me considero muito menos esclarecido e muito mais conservador do que o chamado público culto, que respira aliviado, em seu embaraço diante de questões de filosofia, quando as visões, as alucinações, as ideias fixas, a mania, ou que outro nome tenham todas estas manifestações patológicas, são reduzidas por alguém de competência às suas "devidas" proporções. Nada tenho a objetar contra a pessoa de Bruder Klaus sob o ponto de vista médico. Considero-o uma figura um pouco fora do comum, mas de modo algum doentia, e humanamente o

---

1. Aparecido pela primeira vez em *Neue Schweizer Rundschau* (revista), 1933. Nicolau de Flüe – Bruder Klaus (Irmão Klaus) – foi canonizado pelo Papa Pio XII, em 1947, e ao mesmo tempo declarado padroeiro da Suíça (na Suíça é conhecido carinhosamente como *Bruder Klaus*, forma que conservamos em nossa tradução [N.T.].

sinto como meu parente: meu Irmão (Bruder) Klaus. Embora afastado de mim por uma distância de mais de quatro séculos e diferente tanto pela fé e pela formação quanto por todos aqueles detalhes contemporâneos que, segundo nossa concepção, formam um universo à parte, isto nada mais significa do que simples dificuldades de linguagem, que não nos impedem de compreender o essencial. E tanto é assim que pude me entreter, no plano da linguagem humana primordial das visões, com meu amigo, o índio pueblo Ochwia Biano (o Lago das Montanhas), pessoa que, sob todos os aspectos, achava-se muito mais distante de mim do que o Bruder Klaus; no que diz respeito a este, não se trata propriamente daquela bem conhecida figura histórica da Dieta de Stans, e sim do "Amigo de Deus", que poucas vezes aparece no palco do mundo, e que viveu concomitantemente uma ampla experiência nas regiões da alma, deixando apenas alguns vestígios daquilo que aí sentiu e conheceu, de modo que é difícil ter uma exata visão de sua vida interior.

475   Sempre tive a curiosidade de saber o que faz um eremita todo o santo dia. Pode-se imaginar ainda hoje um eremita em carne e osso, com sua vida espiritual, que não tenha apenas se escondido e vivido mergulhado na sonolência de uma simplicidade misantrópica? Tipos estranhos, como os que sempre se encontram entre os velhos elefantes e os solitários que desafiam o instinto gregário com um certo ressentimento? Uma pessoa normal pode levar uma vida solitária e plena de sentido sem precisar de um parceiro visível?

476   Bruder Klaus tinha casa, mulher e filhos, e nada se sabe das razões externas que o levaram a abraçar a vida eremítica. O único motivo que o levou a isto foi uma estranha vida interior, experiências íntimas para as quais não é possível encontrar uma explicação puramente natural, experiências decisivas, que o acompanharam desde a juventude, coisas que para ele pareciam ter mais valor do que a existência normal. Eram elas provavelmente que constituíam o objeto constante de seu interesse cotidiano e fonte de sua vitalidade espiritual. Não parece tratar-se do eco de um episódio da vida de um estudioso que se enterrou completamente na meditação de sua ciência, aquilo que lemos no chamado *Tratado do Peregrino*: "Ele (Bruder Klaus) voltou a falar, dizendo-me: 'Se não te incomodo, eu te mostrarei agora o meu livro, no qual aprendo e procuro a prática desta doutrina'. Então

me fez uma figura desenhada à maneira de uma roda de seis raios..."[2] Não resta dúvida de que Bruder Klaus *estudava*, e estudava precisamente uma doutrina "misteriosa": procurava compreender e interpretar as coisas que lhe aconteciam. Gundolfingen[3] um dos autores mais antigos que trataram do assunto e que ora nos ocupa, não pôde deixar de observar que a atividade de nosso eremita era algo assim como um estudo. De fato, é de sua autoria esta afirmação: "Não foi porventura na escola do Espírito Santo que ele (Nicolau) aprendeu justamente aquela representação da roda que mandou pintar no seu oratório (do Ranft) e na qual todo o ser da Divindade se refletia como em um espelho limpidíssimo?" É dessa mesma "escola" que derivam "sua bondade, sua doutrina e sua *ciência*"[4].

Trata-se aqui da chamada visão da Trindade, que foi da máxima importância para a vida interior de nosso Eremita. Segundo os mais antigos relatos, teria sido uma aparição luminosa de grande intensidade sob a forma de um rosto humano. Os relatos de primeira mão não falam de uma "roda". Esta teria sido um acréscimo posterior, para melhor compreensão do desenho. Quando uma pedra cai na superfície de águas tranquilas, produz ondulações de forma circular; assim também uma visão tão súbita e tão violenta provoca um efeito de longa duração, como qualquer choque, e quanto mais estranha tenha sido a visão inicial, tanto mais tempo demorará sua assimilação e tanto mais intenso e permanente será o esforço espiritual exigido para dominá-la e integrá-la na esfera da compreensão humana. Uma visão desta natureza é uma "invasão" violenta, no sentido próprio do termo e, por isso – quase seríamos tentados a dizer –, foi sempre cos-

---

2. Extraído de *Ein nutzlicher und loblicher Tractat von Bruder Claus und einem Bilger* (Nurembergue: [s.e.], 1488). Apud STOECKLI, A. *Die Visionen des seligen Bruder Klaus*. Einsiedeln: [s.e.], 1933, p. 41.

3. Heinrich Gundolfingen (1444-1490), de Constância, professor da Faculdade dos Artistas de Friburgo em Brisgau, escreveu no ano de 1488 a mais antiga biografia latina de Bruder Klaus (cf. STOECKLI, A. Op. cit., p. 41).

4. DURRER, R. *Bruder Klaus. Die ältesten Quellen über den seligen Nikolaus von Flüe, sein Leben und seinen Einfluss*. 2. vols. Samen: [s.e.], 1907-1921, p. 434 (Desta obra só foram publicados quinhentos exemplares, mas é o que há de mais completo sobre S. Nicolau de Flüe. Contém tudo o que os autores mais antigos escreveram sobre o nosso Santo. Cf. VOKINGER, K. *Bruder-Klausen-Buch*. Stans, Suíça: [s.e.], 1936, p. 7 [N.T.].

tume exprimi-la com o desenho dos círculos formados na superfície da água quando a pedra nela cai.

478 A biografia de Nicolau, escrita por Wölflin[5], diz-nos o que foi que o "invadiu" e em que consistiu a poderosa impressão causada por esse fenômeno:

> Todos os que iam visitá-lo eram logo assaltados por uma sensação de grande pavor. Ele próprio (Nicolau), para explicar a causa deste pavor, costumava dizer que vira uma luz penetrante que lhe aparecera sob a forma de um rosto humano. Ao vê-la, temera que seu coração fosse explodir no peito. Por isso, cheio de pavor, atirara-se incontinenti por terra, desviando o olhar (do misterioso personagem). E era esse o motivo pelo qual – dizia ele – seu rosto agora parecia terrificante[6].

Parece-nos que o relato escrito pelo humanista francês Karl Bovillus a um amigo, em 1508 (portanto, cerca de vinte anos após a morte de Bruder Klaus), confirma tal fato:

> Quero narrar uma visão que lhe apareceu no céu, numa noite estrelada, quando se achava entregue à oração e à meditação. Viu a figura de um rosto humano, que tinha uma expressão terrificante, cheia de *cólera* e de *ameaças*[7], etc.

Não estaremos errados se admitirmos, portanto, que a visão era algo de muito terrificante. Por isso, se levarmos em conta que a atitude espiritual daquela época e, de modo particular, a de Bruder Klaus, não permitiam absolutamente qualquer outra interpretação a não ser a de que esta visão representasse a própria Divindade, o *summum bonum*, a perfeição absoluta, então uma visão dessa natureza, por seu contraste violento, deve ter produzido um efeito profundo e perturbador, cuja integração na consciência exigiu anos de intensíssimo es-

---

5. Heinrich Wölflin, dito Lupulus (Lobinho), cônego da catedral de Berna, escreveu em latim, por volta de 1500, a vida de Bruder Klaus, por encomenda do governo cantonal de Obwalden (cf. STOECKLI, A. Op. cit.)

6. Ibid., p. 34.

7. Ein gesichte Bruder Clausen ynn Schweytz und seine deutunge. Wittembergue: [s.e.], 1528, p. 5. Apud STOECKLI, A. Op. cit., p. 34 (DURRER, R. Op. cit., I, p. 560).

forço psíquico. Tal visão, depois de um processo de revisão e reflexão, tornou-se conhecida como visão da Trindade. Como supõe o Padre Stoeckli, e com muita razão, a "roda" e os círculos surgiram por inspiração e imitação de certos livros de piedade ilustrados, então em uso. Como já aludimos acima, parece que Bruder Klaus possuía um desses livros. Com o correr do tempo, isto é, com a continuação do trabalho de reflexão e de assimilação espiritual posterior, foram acrescentados os raios da roda e os seis círculos secundários, como se pode ver na pintura da visão que se encontra na igreja paroquial de Sachseln.

Esta visão luminosa não é a única que Bruder Klaus teve. Ele acreditava ter visto uma estrela que superava todas as outras em luminosidade, quando ainda se achava no seio materno, e também outra estrela semelhante, depois, diversas vezes, em sua solidão. A visão luminosa, portanto, já teria ocorrido com frequência em sua vida. A luz significa "iluminação"; constitui uma espécie de "invasão" iluminativa. Se quisermos nos expressar de forma prudente, diremos que se trata de uma tensão energético-psíquica, que corresponde, obviamente, a um conteúdo inconsciente de grande importância. Este conteúdo atua de maneira poderosíssima e avassala a consciência. Esta realidade psíquica objetiva e extremamente poderosa tem sido chamada de "Demônio" ou de "Deus", em todas as épocas, com excessão dos últimos tempos, em que nos tornamos de tal modo recatados em assuntos de religião (ainda bem!) que falamos, aliás acertadamente, de "inconsciente", pois Deus se tornou realmente inconsciente. Aliás, isto acontece sempre e em relação a todas aquelas coisas que são interpretadas, explicadas e dogmatizadas por longo tempo até ficarem a tal ponto recobertas de imagens e palavras humanas que já não é mais possível enxergá-las. Algo de semelhante parece ter sucedido a Bruder Klaus, e esta é a razão pela qual irrompeu em sua consciência a experiência imediata do grande terror. Se sua visão tivesse tido realmente aquele aspecto agradável e cheio de sentido edificante, como aparece na pintura contemporânea de Sachseln, dela não teria provindo aquela espécie de terror.

"Deus" é uma experiência primordial do ser humano, e desde épocas imemoriais o homem se entregou ao esforço inaudito de expressar de algum modo esta experiência inefável, de integrá-la em sua vida mediante a interpretação e o dogma, ou então de negá-la. E o resultado invariável é que conhecemos tão bem o "bom" Deus, que o confundimos com certas representações que temos por "sagradas", porque puderam comprovar sua existência milenar, o que é uma superstição tão nociva quanto a louca pretensão bolchevista de apagar a ideia de "Deus" mediante a educação. Até mesmo um teólogo moderno como Gogarten[8] sabe perfeitamente que um Deus *só pode ser bom*. Ora, um homem bom não causa pavor a ninguém. O que teria Gogarten a dizer, então, a respeito de Bruder Klaus? Certamente a única explicação é a de que teria visto o diabo em pessoa.

481 E com isto nos acharíamos envolvidos no conhecidíssimo dilema que é o de saber como devemos julgar essas visões em geral. Eu proporia que fossem tomados a sério todos os casos genuínos. Se ocorreu uma experiência avassaladora a um homem honesto e prudente como Bruder Klaus, não hesito em considerá-la como genuína e verdadeira experiência de Deus, mesmo que esta posição não seja em tudo e por tudo dogmaticamente correta. Houve grandes santos que, como se sabe, também foram, e não raras vezes, grandes heréticos. Esta é certamente a razão pela qual todos os que têm alguma experiência imediata de Deus se desviam, pelo menos um pouquinho, daquela ordem que se chama Igreja. Mas a própria Igreja dificilmente teria chegado ao que é, se o Filho de Deus tivesse permanecido um fariseu respeitador e observante fiel da Lei, fato este que nós preferimos esquecer.

482 Há muitos casos de pessoas inegavelmente dementes que têm experiência de Deus; não quero negar que esta experiência seja autêntica, pois para resistir a ela seria preciso ser uma pessoa completa e corajosa. Por isso sinto compaixão pelas pessoas que sucumbiram ao seu peso, e não sou eu que lhes causarei a vergonha de sustentar que elas tropeçaram num simples psicologismo. E também nunca poderemos saber sob que forma uma pessoa terá uma experiência de Deus, pois, do mesmo modo que existem coisas estranhas, também existem pessoas estranhas, como, por exemplo, aquelas que acreditam possível estabelecer uma distinção entre o que é a experiência de Deus e o

---

8. Friedrich Gogarten, nasc. 1887, Prof. de Teologia Sistemática em Göttingen. Autor de *Die Kirche in der Welt*, 1948.

próprio Deus, diversa da experiência de natureza intelectual. Evidentemente seria desejável que se estabelecesse uma tal distinção, mas para isso seria necessário conhecer Deus tal como é em si mesmo, o que me parece impossível.

A visão de Bruder Klaus é uma experiência primordial, genuína e verdadeira, e constitui, portanto, uma tarefa especial para a reflexão dogmática. E foi com fidelidade e certamente com grande fadiga que ele se entregou a esta tarefa, tanto mais quanto o terror estava em todos os seus membros, a ponto de assustar as pessoas estranhas que o visitavam. Aquela nota inconscientemente herética, que acompanha as visões genuínas e não retocadas, posteriormente só se encontra alusivamente na visão da Trindade. Mediante um processo de reelaboração conseguiu-se eliminá-la de todo, desaparecendo com ela, sem deixar vestígios, todo o aspecto emocional, bem como aquilo que provocava a fortíssima sensação de medo, fato de que resultava pelo menos uma prova negativa em favor de nossa concepção.

483

A circunstância de Bruder Klaus ter interpretado sua visão com a ajuda dos três círculos (da assim denominada roda) corresponde a um antiquíssimo costume da humanidade, que remonta à roda solar da idade do bronze (na Suíça encontram-se vários exemplares dela) e aos mandalas (desenhos circulares a assim denominada roda solar) assim como os desenhos rupestres da Rodésia, talvez do paleolítico. Encontramo-los no México, no Tibete e na China. Os mandalas cristãos se inspiraram provavelmente em Agostinho e em sua explicação de Deus por meio do símbolo. Parece-me que foi desta fonte que Suso tirou suas representações circulares, cujo sentido era acessível aos "Amigos de Deus". E mesmo que essa tradição tivesse sido interrompida e não tivesse chegado ao *Ranft*, nenhum tratadozinho contendo mandalas, e Bruder Klaus nunca tivesse visto a rosácea de alguma igreja, ainda assim ele teria conseguido exprimir sua grandiosa experiência em forma circular, pois é assim que ela se tem verificado sempre e por toda parte, e continua a verificar-se[9].

484

---

9. O leitor interessado encontrará mais detalhes a este respeito em Heinrich Zimmer, *Kunstform und Yoga*, bem como no meu comentário sobre *Das Geheimnis der goldenen Blüte* (*O segredo da flor de ouro*), publicado em colaboração com Richard Wilhelm.

485   Falamos acima de elementos heréticos. No novo fragmento das visões, descobertas por Stoeckli, há o relato de uma visão que contém um interessante paralelo. Para facilitar a comparação, colocarei os textos lado a lado:

"Veio então através do castelo um grande e majestoso personagem, com o rosto resplandecente de luz, revestido de uma túnica branca como a que o sacerdote usa no serviço do altar. Este personagem colocou os dois braços sobre os seus ombros e o apertou de encontro ao peito, e lhe agradeceu com todo o afeto de seu coração por ter ele assistido tão bem e socorrido o seu Filho em sua necessidade..."

"Veio então através do palácio uma grande e majestosa senhora, igualmente vestida de branco... Colocou os dois braços em seus ombros e o apertou ternamente de encontro ao coração, agradecida por ter ele assistido a seu Filho com tanta felicidade quando ele se achava em necessidade..."[10]

486   Percebe-se logo sem dificuldade que esta visão trata do Deus Pai, do Filho e da Mãe de Deus. O castelo representa o céu onde habitam Deus Pai e a Mãe de Deus. Temos aí, sob forma pagã, como bem o mostra seu paralelismo absoluto, o deus e a deusa. O caráter andrógino da causa divina primordial é típico da experiência mística. No tantrismo da Índia, Shiva, que é do sexo masculino, e Shakti, que é do sexo feminino, procedem de Brahma, sexualmente neutro. O homem como Filho do Pai Celeste e da Mãe Celeste é uma antiquíssima representação que remonta aos tempos primitivos, e nesta visão o bem-aventurado Bruder Klaus é posto em paralelo com o Filho de Deus. A Trindade desta visão: Pai, Mãe e Filho, não é dogmática. Seu paralelo mais próximo é a Trindade totalmente heterodoxa dos gnósticos: Deus, Sofia, Cristo. A Igreja, entretanto, eliminou a natureza feminina do Espírito Santo, da qual a pomba simbólica constitui ainda uma reminiscência.

---

10. STOECKLI, A. Op. cit., p. 20s.

É simpático saber que o único místico notável da Suíça teve visões não ortodoxas por graça de Deus e que, com olhar firme, pôde mergulhar nas profundezas da alma divina que ainda mantém unidas em *um único arquétipo* simbólico todas as confissões da humanidade divididas por questões dogmáticas. Como desejo atrair a atenção do maior número possível de leitores para o livrinho do Padre Alban Stoeckli, deixo de mencionar aqui a "visão do poço", como também a visão do "homem vestido com uma pele de urso"[11], embora tais visões contenham aspectos verdadeiramente interessantes sob o ponto de vista comparativo dos símbolos. Não quero antecipar-me, porém, à curiosidade do leitor.

487

---

11. Cf. tb. FRANZ, M.L. von. *Die Visionen des Niklaus von Flüe*. Zurique: [s.e.], 1959 (Estudos do C.G. Jung-Institut, 9).

Relações entre a Psicoterapia e a Direção Espiritual[1]

O desenvolvimento da Psicologia médica e da Psicoterapia deve-se muito menos à curiosidade dos estudiosos do que propriamente aos problemas psíquicos urgentes impostos pelos doentes e ao impulso decisivo que deles deriva. A ciência médica evitou muito tempo – quase em oposição às necessidades dos doentes – de tocar nos problemas propriamente psíquicos, partindo da hipótese, aliás não de todo desprovida de fundamento, de que esse domínio é mais da alçada de outras Faculdades. Mas, da mesma forma que a unidade biológica do ser humano sempre obrigou a Medicina a tomar emprestado informações aos ramos mais variados do saber, tais como a Química, a Física, a Biologia etc., assim também viu-se forçada a aceitar que a Psicologia experimental entrasse para a sua órbita.

No decorrer desses empréstimos, era natural que os domínios científicos incorporados sofressem uma refração característica em suas tendências: em lugar de um trabalho de pesquisa que constituísse um fim em si mesmo, a preocupação era a de aplicá-los ao homem, na prática. Assim, por exemplo, a Psiquiatria hauriu abundantemente do tesouro e dos métodos da Psicologia experimental e inseriu esta última no edifício de muitos dédalos da Psicoterapia. Esta nada mais é, em última análise, do que uma Psicologia dos fenômenos psíquicos complexos. Suas origens se encontram, de uma parte, nas experiências acumuladas pela Psiquiatria, entendida no sentido mais estrito deste termo, e, de outra parte, nas experiências da Neurologia; esta

---

1. De acordo com uma exposição feita à Conferência Pastoral de Estrasburgo em maio de 1932.

disciplina compreendia também, inicialmente, o domínio daquilo que se convencionou chamar de Neurologia psicogenética, visão esta que continua até hoje nos meios acadêmicos. Na prática, porém, abriu-se um vasto abismo nas últimas décadas, principalmente a partir da utilização da hipnose, entre os especialistas em Neurologia e os psicoterapeutas. Isto não poderia deixar de produzir-se, porque a Neurologia é a ciência das doenças orgânicas, ao passo que as neuroses psicogênicas não constituem doenças orgânicas no sentido corrente do termo, assim como não fazem parte do domínio do psiquiatra que limitou seu campo de atividade às psicoses. Mas as neuroses psicogênicas também não constituem doenças mentais no sentido comum do termo; elas formam um domínio *sui generis* e isolado, com fronteiras mal definidas, apresentando inúmeras formas de transição que se lançam para ambos os lados: o das doenças mentais e o das doenças nervosas.

490 O caráter intrínseco e inegável das neuroses consiste no fato de que elas nascem de causas psíquicas e só podem ser curadas por meios exclusivamente psíquicos. A delimitação e o estudo deste domínio particular, empreendida tanto a partir do setor psiquiátrico quanto do setor neurológico, conduziu a uma descoberta que foi para a Medicina a mais incômoda possível: a *descoberta da alma* enquanto fator etiológico suscetível de provocar enfermidades no domínio humano. A Medicina, no decorrer do século XIX, tornara-se, em seus métodos e teoria, uma disciplina tributária das ciências naturais e se apoiava nos mesmos pressupostos filosóficos que estas últimas – o causalismo e o materialismo. A alma enquanto substância espiritual não existia por si, da mesma maneira que a Psicologia experimental se esforçava ao máximo para elaborar uma Psicologia sem alma.

491 O estudo das psiconeuroses mostrou incontestavelmente que o fator psíquico é o causador das perturbações, isto é, a causa principal da doença; assim, este fator psíquico foi colocado em paridade com as outras causas de doença já conhecidas, tais como a hereditariedade, a constituição, a infecção bacteriana, etc. Todas as tentativas feitas no sentido de reduzir a natureza do fator psíquico a outros fatores orgânicos deram em nada. Mas uma delas teve mais êxito – a que procurou reduzir o fator psíquico à noção de *instinto* tomada de empréstimo à Biologia. Os instintos, como se sabe, são necessidades fisiológicas facilmente perceptíveis, baseados nas funções glandulares e

que, como mostra a experiência, influenciam e até mesmo condicionam os processos psíquicos. Qual seria a ideia imediata senão a de procurar a causa específica da psiconeurose, não num conceito místico de alma, mas num distúrbio dos instintos – distúrbio este que, em última análise, podia esperar-se curar graças a um tratamento orgânico glandular?

Freud, como se sabe, na sua Teoria das Neuroses, delineou este ponto de vista. Sua teoria vai buscar um princípio explicativo fundamental nas perturbações do instinto sexual. A concepção de Adler também extrai seu princípio explicativo do domínio dos impulsos sexuais e, especificamente, das perturbações do instinto de poder, instinto este muito mais psíquico do que o impulso sexual fisiológico.

A noção de instinto está longe de ter sido cientificamente esclarecida. Ela diz respeito a um fenômeno biológico de monstruosa complexidade e representa, no fundo, um "X", isto é, pura e simplesmente um conceito-limite, cujo conteúdo é de imprecisão absoluta. Não quero aqui dar início a uma crítica do conceito de instinto, mas, pelo contrário, encarar a possibilidade de considerar o fator psíquico como, por exemplo, uma mera combinação de instintos que também repousariam, por sua parte, em funções glandulares. Aliás, é forçoso admitirmos como provável que tudo aquilo que chamamos de psíquico está incluído na totalidade dos instintos e que, portanto, o psiquismo outra coisa não é, em última análise, senão um instinto ou conglomerado de instintos, ou seja, uma função hormonal. A psiconeurose seria, assim, uma enfermidade do aparelho glandular.

Mas a prova desta hipótese não foi absolutamente estabelecida, não se tendo encontrado até agora a secreção glandular que pudesse curar uma neurose. Se, por um lado, sabemos, depois de um sem-número de fracassos, que a terapia orgânica falhou em princípio nas neuroses, por outro lado sabemos também que os meios psíquicos curam a neurose, como se eles fossem extratos glandulares. As neuroses, segundo nossa experiência atual, podem e devem ser influenciadas e curadas, não a partir da função proximal do sistema endócrino, mas de sua função distal, ou seja, do psiquismo em geral, tudo se passando exatamente como se o psiquismo fosse uma substância. Uma explicação apropriada ou uma palavra de consolo, por exemplo, podem obter um efeito de cura que, em última análise, estende-se até

492

493

494

mesmo às funções glandulares. As palavras do médico nada mais são, evidentemente, do que vibrações do ar, mas seu valor intrínseco decorre do estado psíquico particular do médico que as pronuncia. As palavras não agem senão porque transmitem um sentido ou uma significação: é justamente aí que reside o segredo de sua eficácia. Ora, o sentido é qualquer coisa de espiritual. Concedo que se possa dizer que este sentido nada mais é do que uma *ficção*. Mas não é menos verdade que, graças à ficção, podemos influenciar a doença de maneira muito mais eficaz do que por meio de produtos químicos, e, mais ainda, que até mesmo influenciamos o processo biológico químico. Que a ficção se produza em mim interiormente, ou me tinja a partir do exterior, por meio da linguagem, pouco me importa: tanto num caso como no outro ela pode me adoecer ou restituir-me a saúde. As ficções, ilusões e opiniões são certamente as coisas menos tangíveis e menos reais que possamos imaginar, e, no entanto, elas são psíquica e psicofisiologicamente as mais eficazes.

495   Foi mediante este processo que a Medicina descobriu a alma. Por honestidade, a Medicina não pode mais negar a substancialidade do psíquico. O instinto é reconhecido como sendo uma das condições do psíquico, da mesma forma que o psíquico passou a ser considerado, e com razão, um dos condicionamentos dos instintos.

496   Não se pode acusar as teorias freudianas e adlerianas de serem psicologias do instinto, mas sim o de serem unilaterais. Constituem psicologias sem alma, indicadas para todos aqueles que acreditam não ter necessidades nem exigências espirituais. Mas nesta abordagem, tanto se engana o médico como o paciente: embora estas teorias levem em conta a psicologia das neuroses, em grau infinitamente mais elevado do que qualquer outra concepção médica pré-analítica, não é menos verdade que sua limitação ao instintual em nada satisfaz as necessidades mais profundas da alma enferma. Sua concepção é demasiado científica, parece demasiado axiomática, fictícia ou imaginativa, em uma palavra: atribui ou coloca demasiado sentido onde este não existe. Ora, *só o significativo traz a salvação*.

497   A razão cotidiana, o bom-senso comum, a ciência como corporificação do *common sense*, sob forma concentrada, certamente satisfazem por algum tempo e por uma etapa bem prolongada, mas nunca vão além das fronteiras da realidade mais terra a terra, ou de uma

normalidade humana média. No fundo, não trazem qualquer solução aos problemas do sofrimento psíquico e de sua significação mais profunda. *A psiconeurose, em última instância, é um sofrimento de uma alma que não encontrou o seu sentido.* Do sofrimento da alma é que brota toda criação espiritual e nasce todo homem enquanto espírito: ora, o motivo do sofrimento é a estagnação espiritual, a esterilidade da alma.

Munido deste conhecimento o médico se aventura, doravante, num domínio do qual só se aproxima depois de muita hesitação. Começará a enfrentar a necessidade de transmitir a ficção salutar, a significação espiritual, pois é isto, precisamente, o que o doente espera dele, para além de tudo o que a razão pensante e a ciência lhe podem dar. O enfermo procura aquilo que o empolgue e venha conferir, enfim, ao caos e à desordem de sua alma neurótica uma forma que tenha sentido. 498

Estará o médico à altura desta tarefa? Ele poderá encaminhar seu paciente, antes de tudo, a um teólogo ou filósofo, ou abandoná-lo às incertezas e perplexidades de sua época. Enquanto médico, sua consciência profissional evidentemente não o obriga a abraçar uma determinada concepção do mundo. Mas o que acontecerá quando perceber, com inelutável clareza, as causas do mal de que o seu paciente sofre, isto é, que ele é *carente de amor* e não possui senão a sexualidade; que lhe falta a fé, porque ele receia a cegueira; que vive sem esperança, porque a vida e o mundo o decepcionaram profundamente; e que atravessa a existência mergulhado na ignorância, porque não soube perceber sua própria significação? 499

Numerosos pacientes cultos se recusam categoricamente a procurar um teólogo. Quanto ao filósofo, nem sequer querem ouvir falar a respeito. A história da Filosofia os deixa frios e o intelectualismo em que vivem mergulhados se lhes afigura mais desolador do que um deserto. Onde encontrar os grandes sábios da vida e do mundo que não apenas se limitem a falar do sentido da existência, mas que também o possuam? Aliás não se pode imaginar qualquer sistema ou verdade que tragam ao doente aquilo de que necessita para a vida, a saber, a crença, a esperança, o amor e o conhecimento. 500

Estas quatro conquistas supremas do esforço e das aspirações humanas são outras tantas graças que não podem ser ensinadas nem 501 aprendidas, nem dadas ou tomadas, nem retiradas ou adquiridas, pois estão ligadas a uma condição irracional que foge ao arbítrio humano, isto é, à *experiência viva* que se teve. Ora, é completamente impossível fabricar tais experiências. Elas ocorrem, não de modo absoluto, mas infelizmente de modo relativo. Tudo o que podemos, dentro de nossas limitações humanas, é *tentar um caminho de aproximação rumo a elas*. Há caminhos que nos conduzem à proximidade das experiências, mas deveríamos evitar de dar a estas vias o nome de "métodos", pois isto age de maneira esterilizante sobre a vida e, além disto, a trilha que leva a uma experiência vivida não consiste em um artifício, mas em uma empresa arriscada que exige o esforço incondicional de toda a personalidade.

502 A necessidade terapêutica conduz-nos, assim, a uma questão e ao mesmo tempo a um obstáculo aparentemente insuperável. Como poderemos ajudar a alma enferma a pôr-se a caminho da experiência libertadora, a partir da qual germinarão os quatro grandes carismas (crença, esperança, amor e conhecimento) que deverão curar a doença? Pleno de boas intenções, o médico talvez chegue a aconselhar ao doente: "Deverias ter o verdadeiro amor, ou a verdadeira fé, ou ainda empenhar-te em conhecer-te a ti mesmo". Mas onde vai o doente encontrar aquilo que, precisamente, só poderá receber depois do tratamento?

503 Saulo não deve sua conversão nem ao amor verdadeiro, nem à verdadeira fé, nem a uma verdade qualquer; só o seu *ódio aos cristãos* o fez pôr-se a caminho de Damasco e o conduziu àquela experiência que devia tornar-se decisiva para toda a sua vida. Ele viveu o seu maior erro com convicção, e foi isto precisamente que nele determinou a experiência vivida.

504 Aqui se abre, diante do psiquiatra, um conjunto de problemas vitais que jamais poderá ser levado suficientemente a sério, e aqui também se impõe ao médico da alma um problema que o coloca em estreito contato com o diretor espiritual.

505 O problema do sofrimento da alma concerneria, no fundo, muito mais ao diretor espiritual do que ao médico. Mas na maioria dos casos o doente consulta primeiro o médico, porque pensa estar fisicamente enfermo e sabe que certos sintomas neuróticos poderão pelo menos ser aliviados por meio de medicamentos. Por outro lado, o diretor espiritu-

al geralmente não possui os conhecimentos que o capacitem a penetrar nas trevas do pano de fundo psíquico dos doentes, como também não possui a autoridade que lhe dê condições de convencer o doente de que seu sofrimento não é de natureza física, mas psíquica.

Há também certos doentes que conhecem a natureza espiritual de seu sofrimento, mas se recusam a procurar um diretor espiritual, justamente porque não acreditam que ele seja capaz de ajudá-los realmente. Esses mesmos doentes, aliás, sentem uma desconfiança análoga em relação aos médicos em geral, desconfiança fundada porque, de fato, tanto o médico como o diretor espiritual se acham presentes, mas de mãos vazias ou – o que é pior – capazes apenas de palavras ocas. Que o médico afinal nada tenha a dizer a respeito das últimas questões da alma é de todo compreensível. Aliás, não é do médico, mas do teólogo que o paciente deveria esperar este conhecimento. Mas o pastor protestante se encontra algumas vezes confrontado com tarefas quase insolúveis, uma vez que tem que lutar com dificuldades práticas das quais o sacerdote católico se acha impune. Este último tem o respaldo, sobretudo, na autoridade da Igreja: além disso, encontra-se numa situação social garantida e independente ao contrário do pastor protestante, quase sempre casado, tendo a pesar-lhe sobre os ombros a responsabilidade de uma família e, no pior dos casos, sem um mosteiro ou uma colegiada para acolhê-lo hospitaleiramente em suas necessidades. Quanto ao sacerdote católico, se for jesuíta, gozará dos benefícios da formação psicológica mais moderna. Assim, por exemplo, vim a saber que os meus trabalhos têm sido objeto, em Roma, de estudos sérios, muito antes que algum teólogo protestante os tivesse honrado com um rápido olhar.

Os problemas da hora são graves. O abandono da Igreja protestante, na Alemanha, por numerosos fiéis não constitui senão *um* dos sintomas. Muitos outros poderiam mostrar ao teólogo que apenas o recurso à fé ou um convite a uma atividade caritativa significam demasiado pouco para as expectativas e exigências do homem moderno. O fato de muitos teólogos procurarem apoio psicológico ou uma ajuda prática na teoria sexual de Freud ou na teoria da vontade de poder de Adler representa ao que parece uma curiosa contradição, pois estas duas concepções são, no fundo, inimigas de tudo o que há de espiritual no homem, uma vez que se trata de psicologias sem alma. São métodos racionalistas, que precisamente impedem o pleno desabrochar da experiência espiritual. Na sua imensa maioria os psicoterapeutas são adeptos de Freud ou de Adler. Isto significa também que a maioria dos doentes se tornarão necessariamente estranhos às perspectivas espirituais. Isto não pode deixar indiferente quem se interesse pelo destino da alma humana. A vaga psicológica que inunda os países protestantes da Europa está longe de decrescer. Ela avança paralelamente com o abandono em massa das Igrejas. Cito aqui as palavras de um pastor protestante: "Hoje em dia as pessoas vão ao médico da alma, ao invés de procurarem um diretor espiritual".

508   Estou convencido de que esta afirmação só vale para o público culto. Certamente não se aplica à grande massa. Mas não nos esqueçamos de que aquilo que o homem culto pensa não levará mais do que vinte anos para tornar-se objeto das preocupações da massa. A obra célebre de Büchner, *Kraft und Stoff* (Força e matéria)[2], por exemplo, tornou-se, cerca de vinte anos depois de sua publicação, quando já parecia praticamente abandonada pelos círculos cultos, um dos livros mais lidos das bibliotecas populares da Alemanha. Estou convencido de que as necessidades psicológicas dos homens cultos de hoje constituirão o centro de interesse popular de amanhã.

509   Gostaria de apresentar aqui os seguintes fatos à reflexão dos meus leitores: há trinta anos minha clientela provém, um pouco, de quase todos os países civilizados do mundo. Várias centenas de doentes passaram pelas minhas mãos. Em sua grande maioria, eram protestantes; havia uma minoria de judeus, e não tratei mais do que cinco ou seis católicos praticantes. De todos os meus pacientes que tinham ultrapassado o meio da vida, isto é, que contavam mais de trinta e cinco anos, não houve um só cujo problema mais profundo não fosse o da atitude religiosa. Aliás, todos estavam doentes, em última análise, por terem perdido aquilo que as religiões vivas ofereciam em todos os tempos a seus adeptos, e nenhum se curou realmente, sem ter readquirido uma atitude religiosa própria, o que, evidentemente, nada tinha a ver com a questão de confissão (credo religioso) ou com a pertença a uma determinada igreja.

---

2. BÜCHNER, L. *Kraft und Stoff, oder Grundzüge der natürlichen Weltordnung nebst einer darauf gebauten Moral oder Sittenlehre.* Leipzig: [s.e.], 1855.

Aqui se abre um imenso domínio para o diretor espiritual. Mas parece que quase ninguém o percebeu. É improvável que o pastor protestante de hoje esteja suficientemente preparado para atender às fortes exigências da alma contemporânea. Já está na hora de o diretor espiritual e o médico se darem as mãos para levar a bom termo esta ingente tarefa espiritual.

Eu gostaria de mostrar-lhes, com um exemplo, o quanto estes problemas são atuais: Há pouco mais de um ano, a Direção da Conferência dos Estudantes Cristãos de Aarau perguntou-me por que as pessoas de hoje, em casos de sofrimento moral, dirigem-se de preferência ao médico e não ao pastor. Esta questão é direta e prática. Até então eu constatara apenas que *meus* pacientes tinham procurado o médico e não o pastor. Mas isto era um fato geral. Tal coisa me parecia duvidosa; em todo caso, eu não dispunha de dados precisos sobre o problema. Por isso, promovi a este respeito uma pesquisa em círculos que me eram totalmente estranhos, por meio de terceiros; a ela responderam protestantes franceses, alemães e suíços. Paralelamente, recebemos também um certo número de respostas de círculos católicos. Os resultados desta pesquisa são muito interessantes. De modo geral, 57% de todos os protestantes e somente 25% dos católicos declaravam optar pelo médico nos casos de sofrimento moral. Pelo pastor, somente 8% dos protestantes, contra 58% dos católicos. Estas foram as opções claramente definidas. O resto das respostas protestantes, ou seja, 35%, ficou indeciso. Do lado católico, o número de indecisos não ultrapassou 17%.

E quais foram as razões principalmente alegadas para não se consultar o pastor? Em 52% das respostas foi mencionada a falta de conhecimentos psicológicos e da compreensão daí decorrente. 28% indicaram como motivo de sua abstenção que o pastor tem uma concepção preestabelecida e se acha muito preso a uma formação dogmática estreita e tradicional. Notemos, a título de curiosidade, que até mesmo um pastor declarou optar pelo médico, ao passo que outro me respondeu irritado: "A Teologia nada tem a ver com o tratamento de doentes". Todos os membros de família dos teólogos que responderam à pesquisa de opinião se pronunciaram contra o pastor.

Esta pesquisa, evidentemente restrita a círculos cultos, nada mais é do que uma sondagem de valor muito limitado. Estou convencido de que certas camadas populares sem cultura reagiriam de modo diferente. Mas minha tendência é a de admitir que, pelo menos em relação aos meios que responderam, a pesquisa possui um certo valor, pois é fato bem conhecido que a indiferença pelas coisas da Igreja e da religião é muito grande e cresce cada vez mais nestes círculos. E não esqueçamos, quanto à psicologia das massas acima mencionada, que os problemas ideológicos dos círculos cultos não levam mais do que vinte anos para atingir as classes populares sem cultura. Quem teria previsto, por exemplo, há vinte ou mesmo há dez anos, a imensa reviravolta espiritual que ocorreu na Espanha, o mais católico de todos os países da Europa?[3] E, no entanto, ele foi abalado repentinamente, como que pela violência de uma catástrofe natural.

514 Parece-me que paralelamente à decadência da vida religiosa o número de neuroses vai aumentando consideravelmente. Entretanto, não há qualquer estatística que ateste este crescimento. Mas uma coisa me parece certa: o estado de espírito geral do europeu mostra mais ou menos por toda parte uma ausência inquietante de equilíbrio. Não se pode negar que vivemos em uma época de grande agitação, de nervosismo, de atividade mais ou menos desordenada e de notável desconcerto em tudo que se refere às concepções do mundo. No seio de minha clientela que provém, sem nenhuma exceção, dos meios cultos, figura um número considerável de pessoas que me consultaram, não porque sofressem de uma neurose, mas porque não encontravam um sentido para suas vidas ou porque se torturavam com problemas para os quais a filosofia e a religião não traziam qualquer solução. Alguns pensavam que eu talvez possuísse alguma fórmula mágica, mas tive prontamente de desenganá-los e dizer-lhes – e isto nos leva aos problemas práticos – que eu também não possuía qualquer resposta pronta.

515 Tomemos, por exemplo, a mais frequente e a mais comum destas questões – a do sentido da vida. O homem moderno acredita saber à saciedade o que o pastor vai responder a esta interrogação, e mesmo o que ele deve responder... Do filósofo essas pessoas geralmente

---

3. (Esta conferência foi pronunciada durante a Segunda República da Espanha, proclamada em 1931 e supressa em 1936).

riem; do médico de clínica geral não esperam muita coisa; mas do especialista da alma, que passa seu tempo a analisar o inconsciente, quem sabe, afinal de contas, se não terá alguma coisa para dizer? Talvez se possa esperar que ele tenha desenterrado dos subterrâneos obscuros da alma, entre outras coisas, também um sentido para a vida, que poderíamos adquirir barato, em troca do pagamento dos honorários. Por isso, constitui quase um alívio da consciência para qualquer pessoa séria saber que o próprio médico nada tem a dizer, *a priori*, sobre o assunto. E assim a pessoa se consola, sabendo que não errou o alvo que estava a seu alcance. É muitas vezes por meio deste contato que se abre o caminho da confiança em relação ao médico.

Descobri que há no homem moderno uma resistência invencível contra as opiniões pré-fabricadas e as verdades tradicionais que se pretende impor. O homem moderno é como um bolchevista para o qual todas as formas e normas espirituais anteriores perderam de algum modo a validez, e assim ele quer experimentar com o espírito o que o bolchevista faz com a economia. Em face desta tendência do espírito moderno, qualquer sistema da Igreja Católica ou protestante, budista ou confucionista, acha-se numa situação incômoda. É inegável que entre os modernos existem naturezas destruidoras, perversas, tipos originais degenerados, desequilibrados, que não se sentem bem em parte alguma e que, por conseguinte, aderem a todos os novos experimentos e a todos os movimentos – aliás com grande dano para estes últimos – na esperança de descobrir aí, enfim, aquilo que possa atenuar as suas próprias deficiências. Evidentemente, por força de minha profissão conheço um grande número de pessoas de nossa época e, consequentemente, também os sujeitos patológicos, assim como os normais. Mas façamos abstração dos sujeitos patológicos. Os indivíduos normais não são tipos originais doentios, mas muitas vezes homens particularmente capazes, bons e corajosos; entretanto, não é por maldade que rejeitam as verdades tradicionais, e sim por motivos de correção e de honestidade. Eles sentem globalmente que nossas verdades religiosas se tornaram, de alguma forma, ocas e vazias. Ou não conseguem harmonizar sua concepção das coisas com as verdades religiosas, ou então sentem que as verdades cristãs perderam sua autoridade e justificação psicológica. As pessoas não se sentem mais salvas pela morte de Cristo e não conseguem mais crer. Feliz,

516

por certo, é aquele que pode crer em alguma coisa, mas não se pode obter a fé pela força. O pecado é qualquer coisa inteiramente relativa: o que é mau para um é bom para o outro. Por que Buda não teria tanta razão quanto Cristo?

517 Creio que todos aqui conhecem estas questões e dúvidas tanto quanto eu. A análise freudiana coloca todas estas coisas de lado, declarando-as impróprias, porque na sua opinião trata-se, quanto ao essencial, de recalques da sexualidade, fatos encobertos por pretensos problemas filosóficos e religiosos. Quando se estuda, em sua realidade, um caso individual em que surgem problemas desta natureza, logo se constata, efetivamente, que o domínio sexual se acha perturbado de maneira muito singular, de modo geral, a esfera inteira dos instintos inconscientes. Freud explica toda desordem psíquica, partindo da existência dessa desordem sexual, e se interessa unicamente pela causalidade dos sintomas psíquico-sexuais. Assim procedendo, ignora completamente que existem casos em que as pretensas causas estavam presentes desde há muito, mas não se manifestavam, até que alguma perturbação da atitude consciente fizesse o indivíduo soçobrar na neurose. Este procedimento é semelhante ao que aconteceria se, num barco que fosse a pique, por ter-se aberto um rombo no seu casco, a tripulação se interessasse essencialmente pela composição da água que irrompesse no casco, ao invés de esforçar-se por tapar o buraco. A perturbação da esfera sexual não é um fenômeno primário, mas constitui, como tal, um fenômeno secundário. A consciência perdeu seu sentido e sua esperança. Tudo se passa como se um pânico tivesse irrompido ("comamos e bebamos porque amanhã estaremos mortos"). Este estado de alma, nascido em seres que perderam o sentido de sua existência, determina a perturbação do mundo subterrâneo e desencadeia os instintos domesticados a duras penas. O motivo pelo qual alguém se torna neurótico está tanto no presente como no passado. Só um motivo atualmente existente pode manter viva uma neurose. Uma tuberculose existe hoje, não porque há vinte anos houve uma infecção de bacilos tuberculosos, mas porque o sujeito apresenta, *no momento*, focos bacilares em rápido desenvolvimento. Onde e como teve lugar a infecção é de todo secundário. Mesmo o mais exato conhecimento dos antecedentes do enfermo não o curaria da tuberculose. A mesma coisa acontece com a neurose.

É por esta razão que sempre levo a sério os problemas religiosos que um paciente me submeta, e os considero como causas possíveis de uma neurose. Mas se os levo a sério, devo confessar a meu paciente: "Sim, você tem razão; pode-se sentir as coisas como você o faz; Buda pode ter tanta razão quanto Cristo; o pecado é relativo, e não se vê realmente como e por que motivo deveríamos sentir-nos salvos pela morte de Cristo". Confirmar o doente nestas suas dúvidas é certamente muito fácil para mim, enquanto médico, mas é difícil para o pastor. O paciente percebe a atitude do médico como resultante de uma compreensão, ao passo que tomará as hesitações do pastor como o reflexo de um aprisionamento deste na história ou na tradição – atitude que o separaria humanamente do enfermo. E o paciente pensa consigo mesmo: Se assim é, o que acontecerá e o que irá dizer o pastor quando eu começar a falar-lhe de todas aquelas coisas que perturbam minha vida instintiva? Com toda razão o paciente esperará que o pastor esteja muito mais preso ainda aos seus conceitos morais do que os seus pontos de vista dogmáticos. Podemos lembrar neste contexto a anedota deliciosa que se conta a respeito do lacônico Presidente Coolidge. Num domingo pela manhã ele saiu e ao retornar sua mulher lhe perguntou: "Onde estiveste?" "Na Igreja!" "E o que disse o pastor?" "Falou do pecado". "E o que disse ele sobre o pecado?" "Ele foi contra".

Dir-me-ão que o médico, nesta perspectiva, pode facilmente ser compreensivo. Mas nós nos esquecemos de que entre os médicos também existem naturezas morais e que entre as confissões dos pacientes há algumas que o médico também tem certa dificuldade em digerir. E, no entanto, o interlocutor não se sentirá aceito enquanto não for admitido aquilo que há de mais sombrio nele. Ora, nessa aceitação não se trata apenas de palavras, e a ela se pode chegar em função da mentalidade de cada um e da atitude que se adota no confronto consigo próprio e com seu lado sombrio. Se o médico quer conduzir a alma de alguém, ou mesmo somente acompanhá-la, é preciso, pelo menos, que esteja em contato com ela. Este contato, entretanto, não se estabelecerá enquanto o médico mantiver uma atitude de condenação no que diz respeito à pessoa que lhe foi confiada. Que nada diga acerca desta condenação ou que a exprima mais ou menos claramente, isto em nada altera as consequências produzidas por sua atitude no paciente. Mas também não adianta assumir a atitude inversa e dar sempre razão ao paciente, em qualquer circunstância. Este procedimento determinará o mesmo alheamento que uma condenação moral. O contato, com efeito, só se estabelece graças a uma *objetividade isenta de qualquer preconceito*. Esta afirmação tem um aspecto quase científico. Alguém poderia confundir o meu pensamento com uma atitude puramente abstrata e intelectual. Ora, o que aqui estou dizendo é algo de inteiramente diverso: trata-se de uma atitude humana profundamente respeitosa em relação ao fato, em relação ao homem que sofre esse fato e em relação ao enigma que a vida desse homem implica. O homem autenticamente religioso assume precisamente tal atitude. Ele sabe que Deus criou todas as espécies de estranhezas e coisas incompreensíveis, e que procurará atingir o coração humano pelos caminhos mais obscuros possíveis. É por isso que a alma religiosa sente a presença obscura da vontade divina em todas as coisas. É esta atitude que pretendo designar quando falo de "objetividade isenta de qualquer preconceito". Ela constitui o desempenho moral do médico, o qual não deve sentir repugnância pela enfermidade e pela podridão. *Não se pode mudar aquilo que interiormente não se aceitou*. A condenação moral não liberta; ela oprime e sufoca. A partir do momento em que *condeno alguém*, não sou seu amigo e não compartilho de seus sofrimentos; sou o seu opressor. Isto não quer dizer, evidentemente, que nunca se deva condenar alguém. Mas não se deve condenar ali onde se espera e se pode ajudar alguém a melhorar sem recorrer a essa condenação. Se um médico quer ajudar um homem, deve primeiramente aceitá-lo tal como é. E não poderá fazer isso enquanto não se aceitar a si mesmo previamente, tal como é, em seu ser, com todas as suas falhas.

520   Isto talvez pareça muito simples. Mas o que é simples em geral é sempre o mais difícil. De fato, a simplicidade constitui a arte suprema e assim a aceitação de si mesmo é a essência do problema moral e o centro de toda uma concepção do mundo. Que eu faça um mendigo sentar-se à minha mesa, que eu perdoe àquele que me ofende e me esforce por amar, inclusive o meu inimigo, em nome de Cristo, tudo isto, naturalmente, não deixa de ser uma grande virtude. O que faço ao menor dos meus irmãos é ao próprio Cristo que faço. Mas o que acontecerá, se descubro, porventura, que o menor, o mais miserável

de todos, o mais pobre dos mendigos, o mais insolente dos meus caluniadores, o meu inimigo, reside dentro de mim, sou eu mesmo, e precisa da esmola da minha bondade, e que eu mesmo sou o inimigo que é necessário amar? Assistimos aqui a uma inversão total da verdade cristã, pois já não temos mais amor nem paciência e somos nós próprios a dizer ao *irmão que está dentro de nós*: "Raca!" (louco), condenando-nos, dessa forma, a nós próprios e irando-nos contra nós mesmos. Exteriormente, dissimulamos aquilo de que somos feitos e negamos categoricamente haver encontrado à nossa frente esse miserável que habita dentro de nós, e mesmo que o próprio Deus tivesse se aproximado de nós, oculto sob estes traços repugnantes, nós o teríamos rejeitado milhares de vezes, muito antes que o galo cantasse.

Quem quer que com a ajuda da Psicologia moderna tenha lançado um olhar não só por trás dos bastidores de seus pacientes, mas também e principalmente por trás dos seus próprios bastidores (e isto constitui uma necessidade para o psicoterapeuta moderno, que não for um charlatão ingênuo), reconhecerá que o mais difícil, para não dizer o impossível, é aceitar-se tal como se é, com sua miserável natureza. Basta a simples alusão a esta necessidade para mergulhar o indivíduo em um suor de angústia, e é por isso, em geral, que se prefere adotar, com certa alegria e sem hesitação, uma atitude mais complexa ou mais ambígua, a saber, a ignorância de si mesmo e o desvelo duvidoso em relação aos outros, às dificuldades e aos pecados alheios. É nesta atitude que está a demonstração das virtudes tangíveis, graças às quais enganamos não só aos outros como a nós mesmos, deixando a nossa consciência tranquila. Com isto (graças a Deus) escapamos de nós mesmos. Um sem-número de pessoas puderam agir assim impunemente, mas isto não acontece com todas, e estas então mergulham em uma neurose, na caminhada para Damasco. Como pode o médico ajudar estes indivíduos, se ele é um daqueles que se esquivou ao conhecimento de si mesmo e talvez tenha sido atingido pelo "Morbus sacer" (mal sagrado) da neurose? Só possui uma "objetividade isenta de preconceitos" aquele que se aceitou tal como é. Ora, ninguém pode vangloriar-se de o ter conseguido plenamente. Poderíamos alegar o caso de Cristo que sacrificou sua encarnação histórica ao Deus que estava nele e viveu sua vida tal como ela era, até o amargo fim, sem levar em conta, na verdade, qualquer convenção humana ou o que pudesse parecer bom aos olhos dos fariseus.

522 Nós, os protestantes, achamo-nos em melhores condições de abordar este problema. Devemos compreender a imitação de Cristo no sentido de que se trataria de copiar a sua vida, macaquear de algum modo os seus estigmas, as suas chagas, ou entendendo-o em seu sentido mais profundo, viver a nossa vida como ele viveu a sua, naquilo que ele tinha de mais próprio e irredutível. Imitar a vida de Cristo não é coisa fácil, mas é indiscutivelmente mais difícil viver a própria vida no espírito em que Cristo viveu a sua. Se alguém se esforçasse por consegui-lo, estaria correndo o risco de se chocar contra os próprios condicionamentos históricos e, mesmo que atendesse às suas exigências, ainda assim seria, a seu modo, ignorado, desprezado, escarnecido, torturado e pregado numa cruz. Com efeito, tal homem seria uma espécie de bolchevista demente, e não é sem motivo que o crucificariam. Por isso é que se prefere a *imitatio Christi* (imitação de Cristo) coroada pela história e transfigurada pela santidade. Eu jamais tentaria perturbar um monge que se esforçasse por realizar esta identificação com Cristo. Acho que é digno de uma admiração especial. Mas acontece que não sou monge, e meus pacientes também não; além do mais, tenho a missão, como médico, de indicar a meus doentes o caminho segundo o qual poderão viver a sua vida sem se tornarem neuróticos. A neurose é uma cisão interior, uma discórdia íntima. Tudo o que reforça esta discórdia agrava o mal; tudo o que a reduz devolve a saúde. Aquilo que provoca a discórdia é o pressentimento ou mesmo o conhecimento de que há dois seres no coração do mesmo sujeito, e que eles se comportam de modo antagônico, algo assim como o que diz Fausto: "Duas almas – ai! – habitam em meu peito"; estes dois seres são o homem sensual e o homem espiritual, o eu e sua sombra. A neurose é uma cisão da personalidade.

523 O problema da cura é um problema religioso. Uma das imagens que ilustram o sofrimento neurótico no interior de cada um é a da guerra civil no plano das relações sociais que regulam a vida das nações. É pela virtude cristã que nos impele a amar e a perdoar o inimigo que os homens curam o estado de sofrimento entre as pessoas. Aquilo que por convicção cristã recomendamos exteriormente é preciso que o apliquemos internamente no plano da terapia das neuroses. É por isso que os homens modernos não querem mais ouvir falar em culpa ou pecado. Cada um já tem muito o que fazer com a própria

consciência já bastante carregada e o que todos desejam saber e aprender é como conseguir *reconciliar-se* com as próprias falhas, como amar o inimigo que se tem dentro do próprio coração e como chamar de "irmão" ao lobo que nos quer devorar.

O homem moderno também não está mais interessado em saber como poderia imitar a Cristo. O que quer, antes de tudo, é saber como conseguir viver em função de seu próprio tipo vital, por mais pobre ou banal que seja. Tudo o que lhe lembra imitação se lhe afigura contrário ao impulso vital, contrário à vida, e é por isso que ele se rebela contra a história que gostaria de retê-lo em caminhos previamente traçados. Ora, para ele todos esses caminhos conduzem ao erro. Ele está mergulhado na ignorância, mas se comporta como se sua vida individual constituísse a expressão de uma vontade particular divina, que deveria ser cumprida antes e acima de tudo – daí o seu egoísmo, que é um dos defeitos mais perceptíveis do estado neurótico. Mas quem disser ao homem moderno que ele é demasiado egoísta perdeu irremediavelmente a partida com ele. O que se entende perfeitamente, pois, agindo assim, não faz senão empurrá-lo cada vez mais para a neurose. 524

É precisamente o egoísmo dos doentes que me impele, em função de sua própria cura, a reconhecer o profundo sentido de um tal egoísmo. Há nele (e para não o ver seria preciso que eu estivesse cego) algo que se apresenta como uma autêntica vontade divina. Quer dizer, se o doente consegue impor seu egoísmo (e eu devo ajudá-lo em tal sentido), ele se tornará estranho aos demais, repeli-los-á e, assim, tanto ele como os outros ficarão apenas consigo próprios. Nada mais justo que isto lhes aconteça, pois quiseram arrancá-lo do seu "sagrado egoísmo". Ora, este deve ser-lhe deixado, pois constitui sua força mais poderosa e mais sadia, que é, como acabo de dizer, uma espécie de manifestação da autêntica vontade divina, impelindo-o, na maioria das vezes, a um isolamento total. Por mais miserável que seja este isolamento, ele não deixa de ser útil, porque somente então é que o doente vai poder conhecer-se a si próprio; só então poderá aprender a medir o bem inestimável que reside no amor dos outros homens. Além disso, só no seio do abandono e da mais profunda solidão consigo mesmo, pode-se experimentar os poderes benéficos que cada um traz dentro de si. 525

526   Quando observamos, em várias ocasiões, evoluções desta natureza, só pudemos reconhecer que aquilo que era mau tornou-se um degrau para o bem, e aquilo que parecia bom não fazia senão manter o mal em ação. O demônio do egoísmo torna-se assim a via régia para aquele silêncio que uma experiência religiosa exige. Encontramos aqui a grande lei da vida que é a enantiodromia, ou seja, a conversão no contrário, que pouco a pouco torna possível a unificação das duas componentes opostas da personalidade, pondo um fim à guerra civil que nela se trava.

527   Escolhi o egoísmo neurótico como exemplo por se tratar de um dos sintomas mais frequentes na vida do homem. Mas poderia ter escolhido qualquer outro sintoma do caráter, para demonstrar qual deve ser a atitude do psiquiatra em face das insuficiências de seus pacientes; em outros termos: para mostrar como utilizar-se com proveito de atitudes negativas e do problema do mal que elas implicam.

528   Talvez tudo isto pareça ainda muito simples. Na realidade, porém, a aceitação do lado sombrio da natureza humana constitui algo que raia pelo impossível. Basta pensar no que significa aceitarmos o irracional, o insensato e o mau, seu direito à existência. Entretanto, é a isto que o homem moderno aspira; ele quer viver com aquilo que ele próprio é; quer saber o que ele é, e por esta razão é que rejeita a história. Quer ser sem história, para poder viver da forma experimental e constatar o que as coisas possuem de valor e de sentido em si mesmas, independentemente daquilo que os preconceitos históricos afirmam a seu respeito. A juventude moderna nos fornece exemplos surpreendentes em tal sentido. Uma consulta feita a mim por uma sociedade alemã nos mostra até onde vai esta tendência: Deve-se rejeitar o incesto? E quais os fatos que podem ser alegados contra ele?

529   Mas é difícil imaginar a que conflitos tais tendências poderão arrastar os homens. Compreendo que se queira tentar o impossível para proteger os homens contemporâneos de tais aventuras. Mas é estranho como nos parecem faltar os meios eficazes: Todos os argumentos que atuavam contra a insensatez, a ilusão e a imoralidade perderam em grande parte sua força de persuasão. Colhem-se agora os frutos da educação do século XIX. Enquanto a Igreja pregava uma fé cega ao adolescente, a universidade ensinava um intelectualismo racionalista, e de tudo isto resultou que o argumento da fé e da razão

acabaram se desgastando e perdendo a eficácia e capacidade de convencer. O homem, farto e cansado do choque de opiniões, quer saber por si mesmo o que as coisas têm a lhe dizer em si mesmas. E esta tendência, que abre as portas, é verdade, às mais temíveis possibilidades, constitui no entanto uma empresa corajosa à qual não podemos negar a nossa simpatia. Este passo ousado do espírito moderno não é um empreendimento aventuroso e extravagante, mas uma tentativa nascida da mais profunda necessidade psíquica de redescobrir, graças a uma experiência original, feita sem preconceitos, a unidade da vida e de seu próprio sentido. Certamente o medo e a pusilanimidade têm suas excelentes razões de ser, mas é preciso encorajar e apoiar uma tentativa ao mesmo tempo audaciosa e séria, que desafia e empenha o homem inteiro. Lutar contra esta tentativa seria, no fundo, reprimir aquilo que o homem tem de melhor: sua coragem, suas altas aspirações; e se se chegasse a este resultado, ter-se-ia abortado aquela experiência infinitamente preciosa que é a única capaz de conferir um sentido à vida. Que teria acontecido se São Paulo se desviasse de sua viagem a Damasco, por qualquer razão sutil?

É com este problema que o psicoterapeuta sério e consciencioso se deve confrontar. Ele deve dizer em cada caso especial que está pronto, em seu íntimo, a prestar a sua orientação e ajuda a uma pessoa que se lança numa tentativa e numa busca ousada e incerta. O médico, em tal situação, não deverá mais saber nem presumir que sabe o que é verdadeiro e o que não o é, para nada excluir daquilo que compõe a plenitude da vida, mas deverá concentrar sua atenção sobre aquilo que é verdadeiro. Ora, é verdadeiro aquilo que atua. Se aquilo que me parece um erro é, afinal de contas, mais eficaz e mais poderoso do que uma pretensa verdade, importa em primeiro lugar seguir este erro aparente, pois é nele que residem a força e a vida que eu deixaria escapar se perseverasse naquilo que reputo como verdadeiro. A luz necessita da obscuridade, pois, senão, como poderia ela ser luz?

A psicanálise de Freud se limita, como se sabe, a tornar consciente o mal e o mundo das sombras no interior do homem. Ela simplesmente mostra a guerra civil latente, até então, no interior do indivíduo, e aí termina sua tarefa. É o próprio paciente que deve ver como poderá sair da situação. Freud infelizmente ignorou por completo o fato de que o homem em momento algum da história esteve em condições de enfrentar sozinho as potências do mundo subterrâneo, isto é, de seu inconsciente. Para isto, ele sempre necessitou da ajuda espiritual que lhe proporcionava a religião do momento. A abertura do inconsciente significava a explosão de um tremendo sofrimento da alma, pois tudo se passa precisamente como se uma civilização florescente fosse submersa pela súbita invasão de uma horda de bárbaros, ou como se campos férteis fossem abandonados à fúria avassaladora das águas, depois de se terem rompido os diques de proteção. A Primeira Guerra Mundial foi uma dessas explosões – e ela nos mostrou, melhor do que tudo, como é frágil a barreira que separa um mundo aparentemente bem ordenado do caos sempre pronto a submergi-lo. É isto o que acontece em relação a cada indivíduo: por trás de seu mundo racionalmente ordenado, uma natureza espera, ávida de vingança, pelo momento em que ruirá a parede de separação, para se expandir, destruidoramente, na existência consciente. Desde os tempos mais recuados e mais primitivos, o homem tem consciência deste perigo – o perigo da alma; e é por isso que ele criou ritos religiosos e mágicos para proteger-se contra esta ameaça ou para curar as devastações psíquicas que daí decorrem. É por isso que o curandeiro, entre os povos primitivos, é sempre e ao mesmo tempo o sacerdote, o salvador tanto do corpo como da alma, e que as religiões formam sistemas de cura dos sofrimentos da alma. Isto se aplica de modo muito particular às duas maiores religiões da humanidade: o cristianismo e o budismo. O que alivia o homem não é o que ele próprio imagina, mas somente uma verdade sobre-humana e revelada que o arranca de seu estado de sofrimento.

532   Já fomos atingidos por uma vaga de destruição. A alma sofreu danos, e é por isso que os doentes exigem que o médico da alma assuma uma função sacerdotal, porque esperam e exigem dele que os liberte de seus sofrimentos. É por este motivo que nós, médicos da alma, devemos atualmente ocuparnos de problemas que, a rigor, compete à Faculdade de Teologia. Mas não podemos pura e simplesmente abandonar tais problemas à Teologia, pois cotidianamente somos desafiados pela miséria psíquica com que nos defrontamos de maneira direta. Como, entretanto, todas as noções e tradições em geral se revelam inúteis, é preciso, antes de tudo, trilhar a via da doença, o labirinto de erros, que agrava inicialmente ainda mais os confli-

tos e aumenta a solidão até torná-la insustentável. Mas há a esperança de que do fundo da alma, de onde provêm todos os elementos destruidores, nasçam igualmente os fatores de salvação.

No começo de minha carreira, quando decidi trilhar este caminho, não sabia aonde ele me conduziria. Ignorava o que as profundezas da alma encerravam e dissimulavam, aquelas profundezas que desde então tenho definido como sendo o inconsciente coletivo e cujos conteúdos denomino de arquétipos. Já nas épocas mais obscuras da pré-história, e sem que isto tenha deixado de se repetir, produziram-se irrupções do inconsciente, porque a consciência nem sempre existiu, e deve ter-se formado nos primórdios da história da humanidade, mais ou menos como se forma, sempre de novo, nos primeiros anos de nossa infância. No começo, a consciência é débil e facilmente sufocada pelo inconsciente. É isto que deve ter acontecido na história psíquica da humanidade. As lutas intestinas decorrentes destes fenômenos deixaram suas marcas. Podemos dizer, usando a linguagem das ciências naturais: formaram-se os mecanismos instintivos de defesa que intervêm automaticamente quando a miséria da alma atinge o seu ponto máximo. Tais mecanismos surgem sob a forma de representações salutares, de ideias inatas à alma humana, inextirpáveis, e que intervêm ativamente por si mesmas quando a desgraça o exige. Às ciências não podem senão constatar a existência destes fatores psíquicos e tentar explicá-los racionalmente, mas com isto simplesmente transfere a solução do enigma para um estágio anterior que continua hipotético, sem chegar a um resultado satisfatório. Encontramos aqui algumas questões finais: De onde provém a consciência? O que é propriamente a alma? E aqui a ciência toca o seu limite.

533

Tudo se passa como se no ponto culminante da doença os elementos destrutivos se transformassem em elementos de salvação. Isto se produz graças ao fato daquilo que chamei: arquétipos. Estes despertam para uma vida independente, assumindo a direção da personalidade psíquica, em vez e no lugar do eu, incapaz de suas volições e aspirações impotentes. Um homem religioso diria que Deus toma a direção. Diante do que conheço a respeito da maioria de meus pacientes devo evitar esta fórmula em si perfeitamente completa, pois ela lembra demais aquilo que de início eles precisam rejeitar. Devo exprimir-me de modo mais modesto e dizer que *a atividade autônoma*

534

da alma desperta – formulação esta que leva mais em conta os fatos observados. A grande inversão, com efeito, tem lugar no momento em que, nos sonhos ou nas fantasias, surgem conteúdos ou temas cuja origem não pode ser detectada na consciência. O fato de o doente ver-se confrontado com algo estranho que brota do reino obscuro da alma – mas que não se identifica com o eu e, por isso, se acha fora do arbítrio do eu – é sentido como uma iluminação decisiva: o sujeito reencontra o caminho de acesso para as fontes da vida da alma, e isto constitui o início da cura.

535   A fim de ilustrar este processo, recorrerei a exemplos, mas é quase impossível encontrar um caso individual ao mesmo tempo breve e convincente, porque, em geral, trata-se de evoluções extremamente sutis e complexas. Muitas vezes, é a impressão profunda que causa no paciente a maneira tipicamente independente com que os sonhos tratam de seus problemas. Outras vezes será um tema decisivo que surge sob a forma de fantasmas e para o qual a consciência não está de modo algum preparada. Mas na maior parte dos casos trata-se de conteúdos ou conglomerados de conteúdos de natureza arquetípica que, compreendidos ou não pela consciência, e independentemente deste fato, exercem por si mesmos um efeito considerável. Às vezes a atividade autônoma da alma se exacerba a ponto de suscitar a percepção de uma voz interior ou de imagens visionárias, e criar uma experiência que, a rigor, constitui uma experiência original da ação do espírito no homem.

536   Experiências desta natureza facilmente conciliam os erros dolorosos do passado, porque é a partir delas que se clarificará a desordem interior, e mais ainda: é a partir delas que o sujeito conseguirá reconciliar-se também com seus antagonismos interiores e eliminar, num nível superior de sua evolução, o estado de dissolução doentia de que foi vítima.

537   Em razão da importância e da amplidão das questões de princípio colocadas pela Psicoterapia moderna, renuncio a entrar em detalhes, por mais desejável que isto pareça, em vista de uma melhor compreensão do tema tratado. De qualquer forma, espero ter conseguido descrever, de modo claro, a atitude que o médico da alma deve assumir perante seus doentes. Espero, igualmente, que meu auditório tenha tirado mais proveito destas considerações do que de métodos e

receitas que só conseguem agir como devem, nas coisas da alma, quando utilizados segundo o espírito que presidiu à sua elaboração. A atitude do psicoterapeuta é infinitamente mais importante do que as suas teorias e os métodos psicológicos. É por esta razão que me empenho sobretudo em levar ao conhecimento de meu público os problemas levantados por esta atitude. Quero crer que lhes proporcionarei, a este respeito, informações honestas, fornecendo a cada um dos presentes os meios para decidir em que medida e de que modo um pastor de almas pode se associar aos esforços empreendidos pela psicoterapia. Longe de mim a pretensão da infalibilidade; mas creio, contudo, que o quadro do estado do espírito moderno que acabo de esboçar é exato e corresponde à realidade. Em todo caso, aquilo que eu lhes disse em matéria de princípios, a respeito dos problemas do tratamento das neuroses, constitui a verdade sem retoques. Nós, médicos, naturalmente nos sentiríamos gratificados, se os esforços que fazemos para curar os sofrimentos da alma encontrassem uma certa compreensão e alguma simpatia por parte dos teólogos. Por outro lado, porém, compreendemos as dificuldades insólitas ligadas à ordem dos princípios, que se opõem a uma colaboração efetiva. Embora minha posição no parlamento do espírito seja de extrema esquerda, não deixo de ser o primeiro a prevenir contra uma generalização sem crítica de meus próprios pontos de vista. Se bem que suíço, e como tal visceralmente democrata, devo reconhecer que a natureza é aristocrática e, mais ainda, é esotérica. "Quod licet Iovi, non licet bovi" – o que é permitido a Júpiter não é permitido ao boi – eis aí uma verdade que, embora desagradável, não é menos eterna. Quem tem seus inúmeros pecados perdoados? Aqueles que muito amaram, ao passo que os que pouco amaram merecem o mínimo de perdão. Estou inabalavelmente convencido de que um número imenso de homens pertencem ao grêmio da Igreja Católica e não a outro lugar, pois é nela que encontram o acolhimento espiritual mais seguro e proveitoso, como também estou convencido – e isto em virtude de minha própria experiência – de que uma religião primitiva convém infinitamente mais aos primitivos do que a imitação nauseante de um cristianismo que lhes é incompreensível e congenitamente estranho. Por isso, aliás, creio que, neste sentido, deve haver protestantes que se elevem contra a Igreja Católica, da mesma forma que protestantes que se elevem contra os próprios protestantes; porque as manifestações do espírito são singulares e múltiplas como a própria criação.

538   E um espírito vivo cresce e supera suas próprias formas anteriores, procurando através de uma livre escolha os homens nos quais ele vivera e que o anunciarão. Ao lado desta vida do espírito, que se renova eternamente ao longo de toda a história da humanidade, procurando atingir sua meta por vias múltiplas e muitas vezes incompreensíveis, os nomes e as formas aos quais os homens se agarram com todas as forças representam muito pouca coisa, pois nada mais são que frutos e folhas caducas do mesmo tronco da árvore eterna.

Psicanálise e direção espiritual[*]

Não é fácil encontrar uma solução adequada para o problema das relações entre psicanálise e direção espiritual, por se tratar de duas coisas essencialmente diversas. A direção espiritual praticada pelos pastores de almas é uma forma de influenciar religiosamente os indivíduos a partir de uma profissão de fé cristã, ao passo que a psicanálise constitui uma intervenção médica, uma técnica psicológica, cuja finalidade é trazer à luz os conteúdos inconscientes e integrá-los na consciência. Ora, esta definição da psicanálise caracteriza unicamente o método de Freud e o de minha escola. A metodologia de Adler, neste sentido, não constitui uma análise, do mesmo modo que não persegue o fim acima indicado, mas é sobretudo de natureza pedagógica e age, por assim dizer, sem levar em conta as relações diretas entre o inconsciente e a consciência. Trata-se antes do desenvolvimento da *rééducation de la volonté* dos franceses e da "ortopédica psíquica" de Dubois. A normalização do indivíduo e seu enquadramento na psique coletiva, preconizados pela pedagogia adleriana, constituem uma finalidade diferente da visada pela direção espiritual que se destina exclusivamente a salvar a alma e libertá-la das malhas do mundo. Esta normalização e correspondente ajustamento ao mundo podem constituir, eventualmente, até mesmo uma finalidade de sentido diametralmente oposto ao visado no plano religioso e cristão: alheamento ao mundo, submissão à vontade de Deus e busca da salvação. A metodologia adleriana e a direção espiritual praticada até agora tanto pelos católicos como pelos protestantes têm em comum apenas o fato de que uma e outra se ocupam da consciência e, assim, apelam para o conhecimento e para a vontade.

---

[*] Publicado em *Ethik* (*Sexual- und Gesellschafts-Etki*), 1928/1929, 1º fascículo.

540 A psicanálise de Freud não se ocupa em primeiro lugar com a consciência nem com a vontade, mas procura canalizar os conteúdos do inconsciente para a consciência, a fim de destruir, por esta forma, as raízes dos distúrbios ou sintomas psíquicos. Por isso, Freud procura remover aquilo que perturba a adaptação do sujeito, mediante uma espécie de trabalho de sapa dos sintomas, e não através do tratamento direto da consciência. É este o fim a que visa sua técnica psicanalítica.

541 Minha discrepância em relação a Freud começa no momento da interpretação do material inconsciente. É claro que nada pode ser canalizado para a consciência sem que se tenha uma determinada *concepção*, isto é, um determinado conhecimento. Para tornar assimilável e compreensível o material inconsciente, Freud aplica sua famosa teoria da sexualidade que, em essência, concebe os materiais trazidos à luz pela análise como tendências sexuais (e eventualmente também como desejos imorais de outra natureza), que não se harmonizam com a consciência. Freud adota aqui a perspectiva materialista das ciências naturais do final do século XIX em relação ao mundo. (*Sua obra Die Zukunft einer Illusion – O Futuro de uma Ilusão –* é suficientemente clara neste sentido.) Com esta concepção do mundo torna-se difícil ter um conhecimento suficientemente amplo do homem em relação à sua animalidade, pois em tal caso o conflito moral se reduz aparentemente a um choque, facilmente evitável, com a opinião pública ou com o código penal. Ao lado disto, Freud fala também de sublimação, entendendo-se por isto a aplicação da "libido" sob uma forma dessexualizada. Não posso entrar aqui numa crítica a este termo bastante delicado. Gostaria apenas de insistir no fato de que nem tudo o que vem do inconsciente pode ser "sublimado".

542 Para quem não se movimenta no plano do materialismo científico, por razões filosóficas, religiosas ou por temperamento, a conscientização dos conteúdos inconscientes representa, sob qualquer aspecto, um problema complicado. Por felicidade, um pudor instintivo nos põe em guarda contra uma conscientização demasiado ampla, de modo que muitas vezes nos contentamos com um acréscimo moderado da consciência. Isto se verifica de modo particular nas neuroses simples, menos complicadas, isto é, nos indivíduos de índole habitual (a neurose nunca é mais complexa do que o seu portador). Já nas naturezas mais reprimidas, pelo contrário, sofrem de uma espécie de paixão

pelo inconsciente, paixão que sobrepuja aquele pudor instintivo de que acabamos de falar. Estes indivíduos querem ver, saber e compreender. A resposta do método interpretativo de Freud não satisfaz a tais temperamentos. Nestes casos, os recursos da graça que a Igreja Católica confia de modo particular a seus sacerdotes poderão ser de grande valia para a elaboração de uma concepção da vida, pois sua forma e seu significado se acham, desde o início, ajustados à natureza dos conteúdos inconscientes. É esta a razão pela qual o sacerdote católico não somente *escuta* a confissão dos pecados, como também *interroga* o pecador, e deve mesmo interrogá-lo; pode perguntar-lhe também coisas que dizem respeito ao domínio específico do médico. Com os meios espirituais de que o sacerdote católico dispõe, sua intervenção não pode ser considerada abusiva, ultrapassando os limites de sua competência, pois ele está apto a aplacar as tempestades que porventura provoque.

Para o diretor de almas protestante o problema não é assim tão fácil, pois, fora a oração e a sagrada comunhão em comum, ele não dispõe de cerimônias rituais (tais como retiros espirituais, o rosário, as peregrinações, etc.) com seu simbolismo expressivo, e é por esta razão que ele se vê obrigado a orientar a sua ação no terreno da moral, onde as forças instintivas do inconsciente correm o risco de sofrer um novo recalque. A ação litúrgica em todas as suas formas funciona como uma espécie de vaso onde podem ser recebidos os conteúdos do inconsciente. A simplificação puritana privou o protestantismo dos meios com que pudesse agir sobre o inconsciente; em qualquer caso, despojou o pastor da qualidade de mediador (tão necessária para a alma). Ao invés disto, deixou o indivíduo entregue à própria responsabilidade e a sós com seu Deus. É nisto precisamente que está a vantagem do protestantismo, mas também o seu perigo. Daqui nasce sua inquietação interior que, em poucos séculos, já deu origem a mais de quatrocentas denominações protestantes, sem dúvida um dos sintomas da preeminência atribuída ao indivíduo.

Não resta dúvida de que a descoberta do inconsciente pela psicanálise teve efeitos consideráveis, como também não há dúvida de que são imensos os efeitos benéficos da confissão católica, especialmente por não se tratar apenas de uma audição dos pecados, mas também de uma intervenção ativa. Se considerarem tudo isto, é verdadeiramente de admirar que as Igrejas protestantes não tenham procurado, há mais tempo, reintroduzir a instituição da confissão dos pecados como forma de ligação, por excelência, entre o pastor e o seu rebanho. Para o protestante, porém, não há possibilidade de um recuo a esta antiquíssima prática católica que se acha em tão aguda oposição com a natureza do protestantismo. É de todo compreensível que o pastor protestante, para o qual a assistência espiritual constitui a razão essencial de sua vida, procure novos caminhos que o conduzam não somente aos ouvidos, mas principalmente às almas dos fiéis de sua comunidade. A psicologia analítica parece oferecer-lhe a chave para isso, pois não se alcança o sentido e a finalidade da ação pastoral apenas com a pregação dominical, a qual, posto que chegue aos ouvidos, só raramente alcança o coração e mais raramente ainda a alma, que é aquilo que de mais recôndito existe no homem. A direção espiritual só pode ser exercida no silêncio fecundo de um diálogo íntimo, favorecido pela atmosfera benéfica de uma confiança sem reservas. É por meio da direção espiritual que a alma deve agir sobre a alma, e é por esta razão que se devem abrir muitas portas que estão a impedir o acesso ao que há de mais íntimo no indivíduo. A psicanálise dispõe dos meios que permitem abrir portas, as quais, de outro modo, permaneceriam fechadas.

545   Ora, muitas vezes, quando se abrem estas portas, dá-se o mesmo que em uma operação cirúrgica, na qual o médico que maneja o bisturi deve estar pronto para qualquer emergência, que só se verifica depois da incisão ter sido praticada. Assim também a psicanálise pode eventualmente deparar com coisas imprevisíveis e desagradáveis, como, por exemplo, as psicoses latentes e coisas do mesmo gênero. Embora, com o decurso do tempo, estas coisas muitas vezes venham à tona, contudo é sobre aquele cuja intervenção desencadeou prematuramente o distúrbio que recai a acusação por aquilo que acaba de acontecer. Somente com sólidos conhecimentos de psiquiatria especializada o médico pode precaver-se contra semelhantes falhas. Por isso o analista leigo deveria trabalhar sempre em colaboração com um médico.

546   Por felicidade, os acidentes desagradáveis mencionados acima são relativamente raros. Mas não é menos verdade que aquilo que a psicanálise traz à luz já apresenta uma dificuldade considerável. *Com*

efeito, ela coloca o paciente face a face com seu problema vital e, consequentemente, também com certas questões graves e decisivas que ele até então procurara evitar. Como, porém, a natureza real do homem não é absolutamente inofensiva, os fatos que costumam manifestar-se são precisamente aqueles que explicam, de modo suficiente, por que motivo o paciente até então os evitara, ou seja, por que sentia instintivamente que não tinha uma resposta satisfatória e adequada para essas questões. E por isso ele espera que esta resposta lhe seja dada pelo analista. O clínico pode, com toda a tranquilidade e numa atitude muito salutar, deixar em aberto muitas dessas questões espinhosas, pois nenhum paciente sensato espera do médico mais do que uma ajuda *médica*. Do diretor espiritual ele espera mais do que isto, ele espera uma *solução religiosa*.

Como já dissemos, a Igreja Católica dispõe de meios e de métodos que têm servido desde os tempos mais antigos para simbolizar as forças instintivas inferiores da alma, e assim integrá-las na hierarquia do espírito. O pastor de almas protestante não possui estes meios e, por isso, muitas vezes se vê embaraçosamente confrontado com certos fatos da natureza humana que não admitem qualquer admoestação, reflexão ou vontade, nem se submetem a nenhuma mortificação heroica. No protestantismo o Bem e o Mal se defrontam de maneira violenta e irreconciliável. Não há um perdão visível. O ser humano se vê sozinho com seu pecado. E Deus, sabidamente, só perdoa os pecados que o próprio indivíduo superou. Para a direção espiritual protestante, o fato de que não dispõe de formas nas quais a alma possa exprimir seus impulsos vitais inferiores representa uma dificuldade psicológica de não pouca importância. Ora, é precisamente o problema dos antagonismos inconscientes, levantado pela psicanálise, que deve ser resolvido. O médico pode tratar esse problema do ponto de vista do materialismo científico, com a discrição que a medicina recomenda, isto é, pode considerar a ética de seu paciente como algo que escapa à sua competência profissional. Pode refugiar-se por trás da célebre frase: "Você mesmo é quem deve ver como sair-se desta". Ora, segundo me parece, o pastor protestante não pode simplesmente lavar as mãos, como se o caso não lhe dissesse respeito; pelo contrário, deverá, a rigor, acompanhar a alma da pessoa que se lhe confia, na sua caminhada cheia de escuridão. Para isto pouco lhe adianta colocar-se num ponto de vista (analítico) redutivo, pois a evolução não é demolição, mas construção. Em casos difíceis também pouco ou nada ajudarão os seus bons conselhos e exortações, pois impediria justamente que despontassem aquelas escuridões da alma que devem preceder o nascimento da luz. (Uma máxima da sabedoria oriental nos diz: É preferível praticar o bem a evitar o mal. É por isso que todo sábio desempenha o papel do mendigo, do rei ou do malfeitor, sem esquecer o dos deuses.)

548 Para a direção espiritual católica é mais fácil aplicar os elementos da análise psíquica do que para a protestante. Esta última impõe a si próprio uma tarefa mais difícil. A primeira não somente dispõe da forma da confissão historicamente estabelecida, do arrependimento e da absolvição, como da técnica completa de direção espiritual, e também de uma simbologia rica e impressiva que satisfaz plenamente as exigências e os impulsos obscuros das almas mais simples. A direção espiritual protestante, ao invés, necessita, em maior escala, da técnica psicanalítica, por não possuir todas as formas rituais básicas. É por este motivo que considero perfeitamente legítimo e mesmo necessário o interesse dos pastores protestantes pela psicologia. As possíveis intromissões no terreno da medicina serão amplamente contrabalançadas pelas intromissões do clínico no âmbito das concepções filosóficas – intromissões estas que o médico se acredita ingenuamente autorizado a fazer (cf., por exemplo, as explicações dos fenômenos religiosos à base da sintomatologia sexual ou de fantasias produzidas por desejos infantis). Não há dúvida de que o médico e o diretor espiritual entrarão em choque no terreno da psicologia analítica. Esta colisão, porém, não deveria levá-los a uma hostilidade, mas a uma atitude de colaboração.

549 Como decorrência da ausência de formas rituais, a direção espiritual protestante se transforma (ao contrário do que ocorre com a católica) num *confronto pessoal* que não pode traduzir o problema fundamental da transferência em termos impessoais, à maneira católica, mas deve tratá-lo, convictamente, como *experiência pessoal viva*. Qualquer contato mais profundo com o inconsciente conduz a um processo de transferência. Por isso, sempre que o diretor espiritual penetra nos desvãos mais profundos da alma, desencadeia um processo de transferência (tanto nos homens como nas mulheres). Este

processo atinge diretamente o pastor protestante que não dispõe de uma forma com que possa (ou mesmo deva como o sacerdote católico) substituir a sua própria pessoa. Por isso ele se envolve numa participação profundamente pessoal, talvez muito mais intensa, por causa da salvação espiritual do paciente, do que a do médico, que não tem necessariamente a peito a cura espiritual específica do enfermo. De qualquer modo, o médico dispõe de saídas às quais o diretor espiritual, por razões superiores e não sem temor, não pode recorrer. Por isso este último se acha em perigo (ou deve mesmo expor-se ao perigo) de envolver-se em graves conflitos psíquicos, fato este que seria prejudicial (para não dizermos coisa pior) à tranquilidade psíquica dos próprios cidadãos. Este perigo *não* é irrelevante, mas tem o mérito de conduzir o pastor consciencioso de volta à vida real e, com isto, também ao conhecimento das misérias da Igreja primitiva (cf., por exemplo, os rumores contra os quais São Paulo teve de se defender).

550 O diretor espiritual deve ver claramente até que ponto sua posição oficial e remunerada e as considerações de família o desviam da arriscada missão da assistência e da direção espiritual. Não censuro o pastor de almas que não segue o conselho dado por Tertuliano a seus catecúmenos, no sentido de frequentarem de propósito a arena. De fato, a verdadeira direção espiritual praticada com base na psicologia moderna deve expor o pastor de almas ao martírio das falsas interpretações do público. A posição oficial e a preocupação com a família – considerações estas de natureza terrena – aconselham uma prudente atitude de reserva (os filhos do século, como sabemos, são mais prudentes do que os filhos da luz), mas os olhos da alma se acham ardentemente voltados para aqueles que, indiferentes ao seu bem-estar terreno, podem arriscar tudo para conseguir o melhor. Mas não é com entusiasmo infantil que se consegue algo de bom, e sim com uma audácia que, de um lado, jamais abandona o solo do real e do possível e, de outro, não se intimida diante do sofrimento e é capaz de realizar algo de mais importante e de melhor.

551 Assim, a ausência de um equipamento ritual para o pastor protestante o priva, de uma parte, de um contato mais íntimo com os que lhe são confiados e, de outra parte, o força a uma audácia maior, pois que esta o coloca diretamente na linha de combate. Espero que ao pastor protestante não falte coragem para isto.

552 Todo psicoterapeuta inteligente se sentirá gratificado, se seus esforços forem apoiados e completados pela atuação do diretor espiritual. Mas os problemas da alma humana com os quais o pastor de almas e o médico se defrontam, a partir de posições contrárias, gerarão não poucas dificuldades, em grande parte por causa da diferença dos pontos de vista. Mas é precisamente deste embate que devemos esperar os estímulos mais fecundos para ambas as partes.

Resposta a Martin Buber[1]

Há algum tempo, os leitores de sua revista tiveram a oportunidade de ler um artigo do Conde Keyserling, no qual fui classificado como um "negador do espírito" (*ungeistig*). E eis que agora, no último número, encontro um artigo de Martin Buber, que se preocupa igualmente com minha qualificação. Sinto-me tanto mais no dever de agradecer-lhe esta exposição, pois ela me elevou da condição de negador do espírito, na qual o Conde Keyserling me havia apresentado ao público de língua alemã, à esfera da espiritualidade, ainda que daquela espiritualidade do gnosticismo dos primórdios do cristianismo, e que sempre foi encarada com desconfiança pelos teólogos. O cômico é que esta apreciação coincide cronologicamente com a opinião provinda de fonte teológica autorizada e que me acusa de agnosticismo, que é justamente o oposto de "gnosticismo".

Ora, se as opiniões divergem a tal ponto uma das outras sobre uma determinada questão, é porque, segundo me parece, existe a suposição bem fundada de que nenhuma delas é verdadeira, isto é, há um mal-entendido fundamental por parte de seus autores. Por que se dedica tanta atenção ao problema de saber se sou gnóstico ou agnóstico? Por que não dizer simplesmente que sou um psiquiatra cujo interesse principal é expor e interpretar o material colhido em suas experiências? O que tento fazer é investigar os fatos concretos e torná-los acessíveis à inteligência. A crítica não tem o direito de encará-los apressadamente, atacando apenas afirmações isoladas e fora do contexto. Para apoiar o seu diagnóstico, Buber se utiliza até mesmo de um pecado que cometi em minha juventude, há cerca de quarenta anos e que foi o de perpetrar uma poesia na qual eu expunha certos conhecimen-

---

1. Aparecido em *Merkur*, Deutsche Verlagsanstalt Stuttgart, ano VI, 1952, fascículo 8.

tos psicológicos em estilo "gnóstico", pois na época estava estudando os gnósticos com grande entusiasmo. Este entusiasmo se baseava na constatação de que parecia terem sido eles os primeiros pensadores a se ocuparem, a seu modo, com os fatos do assim chamado inconsciente. Mandei imprimir o poema sob um pseudônimo, e dei alguns exemplares de presente a determinados conhecidos, sem suspeitar que um dia ele seria arrolado contra mim num processo de heresia.

Permito-me lembrar a meu crítico que fui considerado não só como gnóstico, mas também como teísta e ateu, como místico e materialista. Em meio ao conceito de tantas e tão variadas opiniões, não quero atribuir demasiada importância àquilo que eu próprio penso de mim, mas citar apenas uma opinião expressa a meu respeito, extraída de fonte aparentemente insuspeita, e que é um artigo de fundo publicado no *British Medical Journal* de 9 de fevereiro de 1952: "Facts first and theories later is the keynote of Jung's work. He is an empiricist first and last"[1a]. Esta opinião tem todo o meu aplauso.

Quem não conhece meus trabalhos certamente indagará qual o motivo determinante e a razão destas opiniões tão conflitantes a respeito de um só e mesmo objeto. A resposta é que todas elas, sem exceção, foram expressas por "metafísicos", isto é, por pessoas que julgam saber acerca da existência de coisas incognoscíveis, situadas no além. Eu nunca ousei afirmar que tais coisas *não* existem; mas também não tive a ousadia de pensar que alguma de minhas afirmações atinge, de um modo ou de outro, tais coisas, expondo-as pelo menos corretamente. Eu duvido que nossas concepções (a minha e as deles) a respeito da natureza das coisas em si sejam idênticas, e isto por razões evidentes de ordem científica.

Como, porém, as concepções e opiniões a respeito de determinados objetos metafísicos e religiosos desempenham papel de grande importância na psicologia experimental[2] sou obrigado, por razões de ordem prática, a manejar conceitos correlatos. Mas, ao fazê-lo,

---

1a. "Primeiramente os fatos e depois a teoria: eis a tônica da obra de Jung. Ele é um empirista antes e acima de tudo."
2. Cf., a este respeito, a exposição elucidativa de SCHMALTZ, G. *Östliche Weisheit und westliche Psychotherapie*. Stuttgart: [s.e.], 1951.

dou-me plenamente conta de que estou lidando com noções antropomórficas e não com divindades ou anjos reais, embora tais imagens (arquetípicas) se comportem com apreciável autonomia, devido à sua energia específica, a ponto de podermos denominá-las, metaforicamente, de "demônios psíquicos". A realidade desta autonomia deve ser levada muito a sério: primeiramente, sob um ponto de vista teórico, dado que ela expressa a dissociabilidade e a dissociação efetiva da psique e depois, sob um ponto de vista prático, considerando que ela constitui a base da confrontação dialética entre o eu e o inconsciente, que é um dos capítulos do método psicoterapêutico. Quem dispuser de alguns conhecimentos sobre a estrutura da neurose sabe que o conflito patógeno tem suas raízes na oposição existente entre o inconsciente e a consciência. As chamadas "potências do inconsciente" não são *conceitos* abstratos que podemos manipular arbitrariamente, mas antagonistas perigosos que às vezes provocam terríveis devastações na economia da personalidade. Eles são o que de mais temível se possa esperar como "contrapartida" psíquica. Mas para o leigo no assunto parece que se trata de uma doença orgânica de natureza obscura. O teólogo, imaginando que por detrás disto há a presença do diabo, é quem mais próximo se acha da verdade. Receio que Buber, por compreensível desconhecimento da experiência psiquiátrica, não entenda o que pretendo dizer por "realidade da alma" e pelo processo de individuação. O eu, com efeito, contrapõe-se em primeiro lugar às forças psíquicas que trazem nomes consagrados desde os tempos antigos em razão dos quais elas têm sido invariavelmente identificadas com seres metafísicos. A análise do inconsciente demonstrou, há muito tempo, a existência de tais "forças" sob a forma de imagens arquetípicas que, entretanto, *não se identificam com os conceitos abstratos correspondentes.* Talvez alguém acredite que os conceitos da consciência sejam representações diretas e corretas de seu objeto metafísico, por virtude da inspiração do Espírito Santo. Não há dúvida de que uma tal convicção só é possível para aquele que possui o carisma da fé. Infelizmente não posso gabar-me desta posse, e por isso não penso que ao dizer alguma coisa sobre um arcanjo faça uma afirmação de caráter metafísico. Pelo contrário, o que expressei foi uma opinião a respeito de algo que pode ser experimentado, ou seja, a respeito de uma das "forças do inconsciente" que podemos sentir. Estas forças são *typi* (tipos) numinosos ou conteúdos, processos e dinamismos inconscientes. Esses tipos *typi* são, se assim podemos dizer, imanentes e transcendentes ao mesmo tempo. Como meu único meio de conhecer as coisas é a experiência, não tenho a possibilidade de ultrapassar este limite, imaginando que minha descrição tenha reproduzido a imagem perfeita de um arcanjo metafísico real. Apenas descrevi um fator psíquico que apesar de tudo exerce uma grande influência sobre a consciência. Por causa de sua autonomia, este fator representa o polo oposto do eu subjetivo, na medida em que representa um segmento da *psique objetiva*. É por isso que podemos denominá-lo "tu". Em favor de sua realidade temos o testemunho dos fatos diabólicos de nossa época: os milhões de judeus assassinados, as vítimas incontáveis do regime de escravidão e exploração exaustiva do trabalho na Rússia e a invenção da bomba atômica – para tomarmos apenas alguns exemplos do lado tenebroso da humanidade. Em compensação, porém, tenho sido testemunha de tudo aquilo que pode ser expresso pelas palavras: "beleza", "bondade", "sabedoria" e "graça". Estas experiências das profundezas e das alturas da natureza humana autorizam-nos a usar o termo "demônio" em sentido metafórico.

Não se esqueçam, por favor, de que eu me ocupo com os fenômenos psíquicos empiricamente manifestos, aparecendo à base de certos *conceitos* metafísicos, e de que, ao pronunciar a palavra "Deus", por exemplo, não posso referir-me senão a paradigmas psíquicos demonstráveis, cuja realidade é tremenda. Se alguém achar isto inacreditável, eu o aconselho a fazer um giro de reflexão através de algum manicômio.

A "realidade da alma" é minha hipótese de trabalho, e minha atividade precípua consiste em coletar, descrever e interpretar o material que os fatos me oferecem. Não elaborei um sistema nem uma teoria geral. Formulei apenas conceitos auxiliares que me servem de instrumentos de trabalho, tal como se faz habitualmente nas ciências naturais. Se Martin Buber considera meu empirismo como gnosticismo, então cabe-lhe o ônus de provar que os fatos por mim descritos nada mais são do que meras invenções. Se ele conseguir tal coisa através de material empírico, é lícito concluir que sou gnóstico. Mas, neste caso, ele se acharia na situação incômoda de concordar que todas as experiências religiosas não passam de autoilusões. Atualmente minha opinião é a de que o julgamento de Buber bateu no endereço errado. Isto se percebe, sobretudo, no fato de que aparentemente ele não é capaz de entender o modo pelo qual um "conteúdo psíquico autônomo" como a imagem de Deus possa contrapor-se ao eu, não faltando a essa relação a vivacidade e dinamismo. Não há dúvida de que a tarefa de um cientista empírico não consiste em verificar até que ponto um conteúdo psíquico desta natureza foi produzido e determinado pela existência de uma divindade metafísica. Isto é da competência exclusiva da Teologia, da revelação e da fé. Parece que meu crítico não percebe que ele mesmo, ao falar de Deus, o faz partindo principalmente do que lhe diz sua consciência, e depois de seus pressupostos inconscientes. Não sei de que Deus metafísico ele fala. Se é um judeu ortodoxo, fala de uma divindade ainda não revelada por sua encarnação ocorrida no ano I de nossa era. Se é cristão, conhece a encarnação a respeito da qual Javé ainda não deixa entrever coisa alguma. Não ponho em dúvida a convicção que ele tem de estar em relação viva com o tu divino, mas, como sempre, acho que tal relação tem como objeto primeiramente um conteúdo psíquico autônomo, definido de modo diferente por ele e pelo papa. Quanto a isto, não me compete absolutamente julgar até que ponto aprouve ao Deus metafísico revelar-se ao judeu fiel como o Deus anterior à Encarnação, aos Padres da Igreja como o Deus trino posterior, aos protestantes como o único Redentor, sem Corredentora, e ao papa atual como Redentor com uma Corredemptrix (Corredentora). Ou devemos duvidar de que os representantes de outras religiões como o islão, o budismo, o hinduísmo e o taoismo não tenham também esta mesma relação vital com "Deus", com o Nirvana ou com o Tao, tal como Buber com o seu próprio conceito de Deus?

É estranho que Buber se escandalize com a minha afirmação de que Deus não pode existir, sem uma ligação com o homem, e a considere como uma proposição de caráter transcendente. Mas eu digo expressamente que tudo, absolutamente tudo o que dizemos a respeito de "Deus" é uma afirmação humana, isto é, psíquica. Mas a noção que temos ou formamos a respeito de Deus nunca está desligada do homem. Poderá Buber informar-me onde foi que Deus criou sua própria imagem, "sem ligação com o homem"? Como e por quem semelhante coisa pode ser constatada? Vou especular ou "fabular" aqui –

excepcionalmente – em termos transcendentes. Deus, na realidade, formou uma imagem sua, ao mesmo tempo incrivelmente esplêndida e sinistramente contraditória, sem a ajuda do homem, e a implantou no inconsciente do homem como um arquétipo, um ἀρχέτυπον φῶς, não para que os teólogos de todos os tempos e de todas as religiões se digladiassem por causa dela, mas sim para que o homem despretensioso pudesse olhar, no silêncio de sua alma, para dentro desta imagem que lhe é aparentada, construída com a substância de sua própria alma, encerrando tudo quanto ele viesse, um dia, a imaginar a respeito de seus deuses e das raízes de sua própria alma.

Este arquétipo, cuja existência é atestada não somente pela história dos povos, como também através da experiência psicológica com os indivíduos em particular, satisfaz-me perfeitamente. Ele é humanamente tão próximo e, ao mesmo tempo, tão estranho e diferente e, como todos os arquétipos, de atuação sumamente determinante, sinal inequívoco de uma confrontação interior. É por isso que a relação dialética com os conteúdos autônomos do inconsciente constitui um dos capítulos essenciais da terapia.

Buber se engana redondamente ao afirmar que eu "elaboro" enunciados metafísicos partindo de uma "concepção gnóstica fundamental". Não é lícito tomar um resultado da experiência como pressuposto filosófico, pois este resultado não foi obtido dedutivamente, e sim através de material fornecido pela experiência clínica. Eu recomendaria ao meu crítico que leia as biografias de doentes mentais como as que se encontram, por exemplo, em John Custance: *Wisdom, Madness and Folly* (Londres,1951) ou em D.P. Schreber: *Denkwürdigkeiten eines Nervenkranken* (Lípsia,1903), que certamente não partiram de pressupostos gnósticos, como eu, ou a análise de um material mitológico como o que se encontra no excelente trabalho de seu vizinho de Tel Aviv, o Dr. E. Neumann (Apuleius: *Amor und Psyche*, Zurique, 1952). Minha afirmação de que existe uma analogia e um parentesco muito próximo entre os produtos do inconsciente e certas representações metafísicas se baseia em minha experiência profissional. Permito-me, neste contexto, lembrar que conheço um grande número de abalizados teólogos, tanto católicos como protestantes, que não têm dificuldade em compreender meu ponto de vista empírico. Por isso não vejo motivos para considerar minha maneira de expor tão errônea como se depreende das alusões de Buber.

Gostaria ainda de mencionar um equívoco que tenho constatado com muita frequência. É o referente à estranha hipótese segundo a qual, se as projeções fossem "retiradas", nada mais restaria do objeto. O fato de que eu corrija minhas opiniões errôneas a respeito de uma determinada pessoa não significa que eu a renegue e faça desaparecer. Pelo contrário, agora é que a vejo de modo mais ou menos correto, coisa que só poderá ser útil para uma determinada relação. Mas o fato de considerar que todos os enunciados referentes a Deus provêm sobretudo da alma não implica a negação de Deus ou que se substitua Deus pelo homem. Devo confessar que não me é nada simpático pensar necessariamente que, todas as vezes que um pregador cita a Bíblia ou ventila suas opiniões religiosas, é o próprio Deus metafísico que fala por meio dele. Não há dúvida de que a fé, quando a possuímos, é algo de grandioso e que o conhecimento da fé é talvez muito mais perfeito do que tudo quanto conseguimos com nossa fatigante experiência de fôlego curto. O edifício da dogmática cristã se alça, por exemplo, em um patamar muito mais alto do que os *philosophoumena* agrestes dos gnósticos. Os dogmas são estruturas pneumáticas de imensa beleza e de sentido admirável, em cuja busca tenho-me ocupado a meu modo. A seu lado simplesmente se desvanecem as nossas tentativas de estabelecer paradigmas da "psique objetiva". Eles são fiéis à terra de onde brotaram, realistas, contraditórios, incompletos, lógicos e insuficientes do ponto de vista estético. As noções das ciências naturais e da psicologia médica não derivam de princípios teóricos imaculados e irrepreensíveis, mas do trabalho quotidiano realizado no terra a terra da existência humana e de seus males. Os conceitos empíricos são de natureza irracional. O filósofo que os critica, como se se tratasse de conceitos filosóficos, trava uma batalha contra moinhos de vento e se envolve, como Buber com seu conceito do *si-mesmo* nas maiores dificuldades. Os conceitos empíricos são nomes que usamos para designar complexos de fatos reais e existentes. Dado o caráter paradoxal de nossa existência, é compreensível que o inconsciente encerre uma imagem de Deus também contraditória, que se pretende harmonizar, mas sem razão, com a beleza, a sublimidade e a pureza do conceito dogmático de Deus. O Deus de Jó e do Sl 18 é, porém, um pouco mais realista, e seu comportamento não conflita com a imagem de Deus no inconsciente. Este último, porém, favorece a ideia de encarnação, com seu simbolismo do *Anthropos*. Não me sinto responsável pelo fato de a história dos dogmas ter feito algum progresso depois do Antigo Testamento. Não prego, com isto, uma nova religião, pois para tanto precisaria apoiar-me segundo o antigo costume – pelo menos em uma revelação divina. Sou um médico que se ocupa com a enfermidade do homem e de sua época, voltado para aqueles meios terapêuticos que correspondam à realidade do mal. Não somente Buber, como qualquer um é livre de curar meus pacientes com a "palavra", evitando minha odiosa psicologia. Acolherei de braços abertos esta sua tentativa. Mas como a *cura animarum* (cura de almas) espiritual nem sempre tem produzido os efeitos desejados, é do modo acima indicado que deverão proceder por enquanto os médicos que não dispõem de coisa melhor do que a modesta "gnose" que a experiência lhes oferece. Ou meu crítico conhece algo melhor do que isto?

Como médico que sou me encontro numa situação penosa, pois infelizmente não é possível fazer alguma coisa com a palavrinha "deveria". Não podemos exigir de nossos pacientes uma fé que eles próprios rejeitam porque nada entendem, ou porque ela nada significa para eles, mesmo que a possuíssem. Temos sempre de contar com as possibilidades de cura encerradas na natureza do doente, pouco importando que as concepções daí decorrentes estejam ou não de acordo com qualquer uma das confissões ou filosofias conhecidas. O material fornecido pelos fatos parece conter algo de primitivo, tanto ocidental como oriental. Quase não se encontra um mitologema que não apareça, às vezes, matizado de uma heresia que não traga, de mistura, alguma coisa de sua singularidade. É assim que deve ser constituída a camada coletiva das profundezas da alma humana. O intelectualista e o racionalista contentes com a própria crença talvez se indignem contra isso e me acusem de ecletismo ímpio, como se eu tivesse inventado os fatos da natureza e da história humanas e preparado com eles uma beberagem teosófica intragável. Ora, quem tem uma crença ou prefere falar uma linguagem filosófica não precisa preocupar-se com os fatos. Mas um médico não pode deixar de encarar a realidade repugnante da natureza humana. Os representantes dos sistemas tradicionais dificilmente entenderão as minhas formulações, de forma correta. Um gnóstico, por exemplo, de maneira alguma estaria satisfeito comigo, mas criticaria a ausência de uma cosmogonia, bem como o desalinho de minha gnose, em relação aos acontecimentos ocorridos no pleroma. Um budista reclamaria contra o fato de eu me deixar cegar pela *mâyâ* (ilusão) e um taoista criticaria meu caráter complicado. Um cristão ortodoxo 100% dificilmente deixaria de censurar-me pela despreocupação e pela falta de respeito com que navego no céu das ideias dogmáticas. Mas sou obrigado a pedir a meus críticos desapiedados que observem, por bondade, o fato de que parto de *fatos*, buscando para eles uma interpretação.

1. Sobre o livro *Psicologia e religião*[1]

De um ponto de vista puramente objetivo, o senhor teria toda razão em chamar-me de herético, se minhas pretensões a salvador do mundo tivessem chegado a tal ponto, que eu me pusesse a colocar remendos até mesmo no dogma da Trindade. Minha apreciação do dogma, realmente, não estaria correta e minha paranoia seria de uma morbidez assustadora, se me ocorresse a ideia de propagar o dogma da quaternidade. Talvez tenha escapado à sua atenção que é à formação natural "inconsciente" dos símbolos (a qual compensa o desaparecimento dos símbolos confessionais) que se deve atribuir a responsabilidade pelo aparecimento da fórmula da quaternidade, ou seja: *o sonho de meu paciente* (tomado como paradigma de inúmeros casos) é o *arqui-herege* que reproduz a quaternidade. De minha parte, contento-me com o modesto papel de psicólogo analista e intérprete, cujo método comparativo precisou remontar ao material gnóstico e alquimista como possibilidade mais imediata e evidente. Também não reivindico qualquer originalidade ou prioridade para este curso de ideias aqui formulado. O senhor encontrará este mesmo curso de ideias em Bousset, nos seus *Hauptproblem*[2] e em Usener (*Weih-*

---

1. De uma carta enviada a um teólogo protestante, 1940.
2. BOUSSET, W. *Hauptprobleme der Gnosis*. Forschungen zur Religion und Literatur des Alten und Neuen Testaments. Göttingen: [s.e.], 1907 (Caderno 10).

nachtsfest)³, que são certamente dois testemunhos insuspeitos de psicologismo. Não sou eu quem remenda o Dogma da Trindade e sim toda a Idade Média e mesmo os processos inconscientes ocorridos no interior do homem moderno, que jogam com o esquema da quaternidade. Possuo uma grande coletânea de documentos, com todas as provas empíricas necessárias, que mostrarei de boa vontade a qualquer interessado. Alguns desses documentos já foram apresentados em 1927, no *Geheimnis der goldenen Blüte* (Segredo da flor de ouro).

A ideia fundamental de meu escrito é mostrar que o inconsciente do homem moderno arreligioso (além de outras coisas) substituiu o Dogma da Trindade pelo simbolismo da quaternidade. É impossível tal demonstração sem recorrer ao método da psicologia comparada e da história comparada das religiões. O aparato comparativo também não pode ser encontrado, por sua própria índole, na esfera do pensamento cristão tradicional, mas só nas correntes do pensamento pagão e gnóstico e da filosofia da natureza, que subsistiram a partir das fontes neoplatônicas e neopitagóricas do sincretismo helenístico (em parte através da tradição árabe), até plena Idade Média. Se ouso, por razões ao mesmo tempo de ordem científica e terapêutico-prática, remontar ao que ficou da Antiguidade na Idade Média, não é – Deus o sabe – com a intenção de criar um novo dogma, mas para provar que no homem moderno também se verifica o princípio segundo o qual, *quando se perde uma forma de concepção religiosa, ela é substituída primeiramente por uma formação de símbolos mais antiga ou arcaica, e esta substituição não é meramente "mecânica", mas também plena de sentido em relação aos acontecimentos da época.*

Procurei desenvolver este conjunto de ideias em três conferências inter-relacionadas, precisamente com base em fatos psicológicos objetivos, ou seja, em *sonhos*. Os sonhos são, no mínimo, *enunciados* e os *enunciados em si são fatos*, mesmo quando seu conteúdo não se refira a fatos concretos. A psicologia é uma "science of human behaviour"[3a], da qual uma das partes principais são os enunciados. Mesmo a concepção religiosa é um enunciado que psicologicamente

---

3. USENER, H. *Das Weihnachtsfest*. 2. ed. Bonn: [s.e.], 1911.
3a. "Ciência do comportamento humano."

pode ser comparado a outros enunciados. Se assim não fosse, o senhor teria de negar o direito de existir, não só à psicologia comparada, como ao estudo das religiões comparadas, ou mesmo a qualquer ciência comparativa. Por isso não é lícito, segundo meu modo de entender, simplesmente ignorar o que constitui o objeto de minhas investigações, ou seja, a realidade do sonho sobre a qual está construída minha comparação, ou inculpar-me de uma desmesurada estima em relação a meus próprios dotes, apresentando-me como "herético". Todas as minhas explanações a respeito da Trindade e da quaternidade são paralelos comparativos baseados em sonhos. Não sou espírita, ao escrever acerca dos fenômenos extrassensoriais, nem artista, ao tratar de história da arte, nem fundador de uma nova religião ou reformador do dogma, ao fazer psicologia comparada e história do pensamento.

Por favor, não me interprete mal: pessoalmente pouco me importa ser considerado um "herético". Mas o meu receio é o de que seu artigo tenha posto em circulação um novo equívoco, impedindo talvez que muitos jovens possam adquirir determinados conhecimentos cujas vantagens seriam óbvias.

2. O bem e o mal na psicologia analítica[1]

Quero expressar aqui meus sinceros agradecimentos ao Sr. Prof. Seifert pelo que disse de modo tão completo sobre o problema da sombra no homem. Se devo acrescentar ainda alguma coisa, a seu pedido, será a respeito do *aspecto puramente empírico do bem e do mal*, ou seja, dando-lhe o tratamento concreto que se espera de um terapeuta.

Devo confessar que me vejo em dificuldades todas as vezes que tenho de falar deste tema com filósofos ou teólogos. Minha impressão é a de que eles não falam do objeto, da coisa, mas somente de palavras, de conceitos que significam ou designam a coisa em si. Nós nos deixamos facilmente ofuscar pelas palavras: substituímos a realidade plena por palavras. Falam-me sobre o mal ou o bem, pressupondo que eu saiba o que eles sejam em si. Mas não o sei. Quando se fala

---

1. Elaborado por Gebhard Frei com base em notas escritas. Extraído de: *Gut und Böse in der Psychotherapie*. Relatório de um encontro organizado por W. Bitter, Stuttgart 1959.

do bem e do mal trata-se daquilo que alguém chama de bom ou de mau, ou que entende por bom ou mau. Fala-se, então, com grande segurança destas coisas, sem a certeza de que realmente são assim, ou se aquilo a que se chama de bem ou de mau se identifica realmente com a coisa em si. Talvez a visão do mundo de quem está falando não corresponda aos fatos reais, porque aquilo que é objetivo foi substituído por uma imagem subjetiva interior.

Se quisermos entender-nos a respeito de uma questão complexa como a do bem e do mal, é preciso partirmos do seguinte: o bem e o mal são princípios em si, e é preciso ter presente que um *princípio existe muito antes de nós e se estende muito além de nós.*

Quando alguém fala do bem e do mal, está se referindo concretamente a um fato cuja natureza mais profunda nós realmente desconhecemos. Além disso, que uma coisa seja má ou culposa depende do nosso julgamento subjetivo, outro tanto acontecendo com o grau e a gravidade da culpa.

Os senhores conhecem talvez aquela anedota do padre confessor do Texas a quem um jovem procurou com uma fisionomia terrivelmente abatida: "Whaf's the matter?" – "Something terrible happened". – "But what happened?" – "Murder". – "How many?"[1a] Isto ressalta a diferença com a qual os dois sentiram o mesmo fato, a mesma realidade. Eu considero um determinado fato como mau, muitas vezes sem ter a certeza de que realmente seja mau. Certas coisas me parecem más e, na realidade, não o são. Muitas vezes enfrentei a situação de ter de despedir um paciente, e depois tinha ímpetos de arrancar os próprios cabelos, acreditando ter cometido uma injustiça contra ele: talvez eu tivesse sido demasiadamente grosseiro ou não lhe tivesse dito o que era certo. E eis que na sessão seguinte ele chegava dizendo: "Foi uma sessão maravilhosa. Era justamente o que eu estava precisando ouvir". Também pode acontecer o inverso. Penso às vezes que foi uma sessão esplêndida, uma interpretação bem-sucedida de um sonho, por exemplo, e eis que se revela justamente o contrário, e verifico que estava enganado.

1a. "Qual é o problema?" – "Aconteceu uma coisa terrível" – "Mas o que foi que aconteceu?" – "Assassinato" – "Quantos?"

De onde nos vem esta crença, esta segurança aparente de que conhecemos o bem e o mal? "Eritis sicut Deus, scientes bonum et malum"[2]. Só os deuses o sabem. Nós não. Isto é sumamente verdadeiro, mesmo do ponto de vista psicológico. Admitamos que os senhores façam a seguinte reflexão: "Isto pode ser péssimo, como também pode não o ser"; então os senhores terão uma chance de fazer aquilo que for certo. Mas se já o sabem de antemão, os senhores se comportarão como se fossem Deus. Mas todos nós não somos mais do que pessoas limitadas e, no fundo, não sabemos nem o que é bom nem o que é mau, em determinado caso. Sabemo-lo abstratamente. Penetrar totalmente numa situação concreta é da competência exclusiva de Deus. Não há dúvida de que podemos formar uma opinião a respeito de tal situação, mas, no fundo, não sabemos se ela é válida ou não. No máximo, o que podemos fazer é dizer cautelosamente: "Segundo este ou aquele critério, tal e tal coisa é boa ou má". Uma coisa que parece boa entre nosso povo pode ser considerada má no meio de um povo diferente. Esta diversidade de apreciação se aplica também ao plano da existência: uma obra de arte moderna representa um valor altíssimo aos olhos de alguém que esteja disposto a desembolsar uma grande soma por ela, ao passo que outro poderia nem mesmo saber o que fazer com ela.

Mas, apesar disto, não podemos simplesmente deixar de expressar a nossa opinião. Entretanto, se considerarmos boa uma coisa que nos parece má, estamos mentindo. Se digo, por exemplo, a alguém: "O que você escreveu é uma obra-prima", mas, no fundo, acho que não tem valor nenhum, estou mentindo. Talvez minha afirmação tenha efeito positivo sobre a pessoa, no momento em que lhe falo, e ela se sinta lisonjeada. Mas verdadeiramente construtivo seria somente se eu desse a alguém o que tenho de melhor, isto é, uma apreciação autêntica que brote de minha convicção profunda e seja expressa no momento adequado. Se expressarmos uma opinião enfática, é porque estamos numa situação emocional na qual podemos aplicar os critérios menos válidos.

Minha atitude com respeito a este problema é empírica, e não teórica nem apriorística.

---

2. Gn 3,5 (Sereis como Deus, conhecendo o bem e o mal).

A maioria dos pacientes que procura o terapeuta é portadora de um conflito e trata-se, então, de descobrir a situação conflitiva, que muitas vezes é inconsciente; mas, antes de tudo, trata-se de encontrar um caminho que os leve a sair deste conflito. Talvez não haja outra possibilidade senão dizermos prudentemente: Não sabemos exatamente o que está acontecendo. Parece que é assim ou assim – mas não é possível dar também uma outra interpretação ao fato em questão? Talvez a situação pareça negativa a alguém, em um primeiro momento, mas ele vê, em seguida, que era isto, precisamente, o que fatalmente teria de acontecer com o paciente. Assim, o máximo que eu digo é o seguinte: Praza a Deus que agora eu faça o que for certo. Talvez se trate de uma situação extremamente objetiva (como diz Alberto Magno: *in excessu affectus*). Se prestarmos bem atenção, verificaremos que o bem e o mal são *principia* (princípios). "Princípio" vem do latim *prius*, ou seja, o que é "anterior", primitivo, o que existe, "no começo". "Deus é o último de todos os princípios imagináveis". Os "principia", em última análise, são aspectos de Deus. O bem e o mal são "principia" de nosso julgamento ético, mas vistos redutivamente, em sua última raiz ôntica, são "começos", aspectos de Deus, nomes divinos. Quando encontro um fato ou um acontecimento paradoxal, em uma situação extremamente emocional, estou deparando, em última análise, com um aspecto de Deus que não estou apto a apreciar ou "dominar" logicamente, porque é mais potente do que eu, isto é, tem caráter numinoso, e é também aí que eu me encontro com o *tremendum* e o *fascinosum*[3]. Não posso "dominar" um "numinosum", mas apenas permanecer em atitude de abertura diante dele, deixando que me avassale e confiando no seu sentido. O princípio é sempre algo superior e mais potente do que eu. Não posso dominar nem mesmo os princípios da Física. Vejo-me simplesmente diante deles, como dados puros da realidade, colocados acima de mim, "valendo" por si mesmos. Algo de insuperável está aí em ação.

Se eu disser *in excessu affectus*: "Este vinho é ruim", ou então: "Este indivíduo aí é um cachorro ordinário", dificilmente poderei sa-

---

3. Nota do editor do relatório: Mais detalhes em OTTO, R. *Das Heilige*. Breslau: [s.e.], 1917. Na opinião de Otto, o numinoso possui os dois aspectos do "mysterium tremendum" e do "mysterium fascinosum".

ber se tais juízos são válidos. Outra pessoa poderá expressar uma opinião totalmente diversa a respeito do mesmo vinho e sobre o mesmo indivíduo. Só conhecemos a superfície das coisas. Conhecemos apenas o seu aspecto exterior, e neste sentido temos de ser muito modestos. Frequentemente percebi que estava querendo suprimir a experiência de um paciente, que me parecia totalmente danosa para ele, mas o certo, em sentido mais profundo, era que ele a prosseguisse: Quero evitar, por exemplo, que uma pessoa caia numa situação de perigo de vida. Se tiver êxito, ficarei pensando que isto se deve a meu desempenho como terapeuta. Mas depois verifico – caso o paciente não tenha seguido o meu conselho – que o certo era realmente que ele se achasse nesta situação de perigo. Aí surge a pergunta: "Não seria preciso mesmo que ele caísse nesse perigo mortal?" Se ele não se aventurasse, se não tivesse arriscado a vida, talvez ficasse empobrecido de uma nova experiência de suma importância para ele. Não teria arriscado a vida e por isto mesmo não a teria ganho. Mesmo na questão do bem e do mal, a única coisa que o terapeuta pode esperar é ver as coisas de modo correto, mas nunca terá a plena certeza disto. Como terapeuta, não posso tratar teológica ou filosoficamente o problema do bem e do mal, em um caso concreto, e sim empiricamente. Mas o fato de eu adotar uma posição empírica *não significa que eu relativize o bem e o mal em si*. Vejo perfeitamente que algo é mau – mas o paradoxo é que isto pode ser bom precisamente no caso desta pessoa, neste preciso estágio de seu processo de amadurecimento. Por outro lado, também é verdade que nada é mais errado do que o bem no momento errado e no lugar errado. Se assim não fosse tudo seria muito fácil. Se não julgo *a priori*, mas considero antes este dado concreto, já não sei, de antemão, nem o que é bom nem o que é mau para meu paciente. Existem, é verdade, muitas coisas, mas não penetramos nelas nem no seu sentido; elas surgem diante de mim, *in umbra*, encobertas e envoltas na escuridão, e só depois de algum tempo é que a luz incide sobre o que ainda estava oculto. Aquilo que ainda se acha *in umbra* no Antigo Testamento surge sob a plena luz da verdade no Novo Testamento. O mesmo acontece sob o ponto de vista psicológico. Será uma pretensão desmedida de nossa parte acreditar que podemos dizer sempre o que seja bom ou o que seja mau para o paciente. Talvez seja realmente mau para ele, e apesar disto o faz, disto resultando para ele uma consciência má correspondente. O que pode ser muito bom – do ponto de vista terapêutico e, portanto, também empírico – para a pessoa em questão. Ela talvez *precise* sentir e sofrer o mal e seu poder, porque só desta maneira conseguirá abandonar seu farisaísmo em relação a outras pessoas. Talvez seja preciso que o destino ou o inconsciente ou Deus – ou que outro nome tenha – a faça cair, devidamente, com a cara no chão ou "na lama", porque só uma experiência em grande escala talvez desfira o golpe final e a faça perder grande parte de seu infantilismo, tornando-a mais madura. Como uma pessoa plenamente convencida de que não precisa ser libertada de coisa alguma, pode saber que necessita de libertação? O indivíduo vê seu lado sombrio, seu plano inclinado, mas desvia o olhar, foge, não se confronta com esta realidade, nada arrisca – e depois se gaba diante de Deus, diante de si, diante dos homens, de haver conservado sua veste branca e imaculada, veste que ele, na verdade, deve à covardia, à sua regressão, a seu angelismo e a seu perfeccionismo. E em vez de sentir-se envergonhado posta-se no interior do templo, e diz: "Dou-te graças por não ser como esses aí..." (Lc 18,11).

Um indivíduo como este pensa que está justificado só porque sabe o que está errado e o evita. Mas por isto mesmo é que tal coisa nunca se tornou conteúdo de sua vida concreta, e ele não sabe do que deveria ser libertado.

Mesmo a palavra apócrifa de Jesus: "Se sabes o que fazes, és feliz, mas se não o sabes, estás condenado"[4], é apenas uma *meia chance*. O indivíduo que sabe o que faz quando pratica o mal tem uma chance de redimir-se se bem que à primeira vista pareça estar no inferno. Porque o mal, mesmo praticado *conscientemente*, é mal, e é como tal que *atua*. Mas se o indivíduo não tivesse seguido este caminho ou não tivesse dado tal passo, talvez regrediria psiquicamente, num retrocesso de sua evolução interior, num acovardamento infantil. Engana-se quem acredita poder resguardar-se do pecado ou libertar-se recorrendo à palavra apócrifa, do "feliz se sabes o que fazes"; pelo contrário, mergulhará ainda mais no pecado. Mas isto é de tal modo *paradoxal* que choca terrivelmente a sensibilidade normal. A

---

4. Cf., por exemplo, o § 133 deste volume.

Igreja, entretanto, sabe muito bem a que se refere quando fala da "felix culpa" dos primeiros pais[5]. Se eles não tivessem caído no pecado, não haveria a felix culpa que trouxe consigo o milagre ainda maior da redenção. Mas apesar disto o mal continua mau. Não há absolutamente outra possibilidade senão a de nos habituarmos com uma ideia tão paradoxal como esta.

Como homens nós nos achamos, sem o querer, em situações em que os "principia" nos enredam em qualquer coisa de indefinido, em situações nas quais Ele nos deixa entregues à responsabilidade e à iniciativa de encontrarmos a maneira de sair delas. Às vezes, com sua ajuda, aparece um caminho de saída, mas quando se trata de enfrentar realmente o problema, a impressão que temos é a de que fomos abandonados por todos os bons espíritos. Nas situações críticas faltam sempre as armas ao herói; em um momento como este nos achamos como que diante da morte, confrontados com a nudez deste fato. E não sabemos como chegamos a isto. Milhares de conexões do destino levam o indivíduo, de repente, a uma situação como esta. Isto se acha representado simbolicamente na luta de Jacó com o anjo. Nestes momentos, o homem nada mais pode fazer senão pôr-se de pé. Trata-se da situação em que ele é desafiado a reagir como um *todo*. Mas também pode acontecer que já não consiga mais manter-se fiel às prescrições da lei moral. É aí que talvez comece sua crítica inteiramente pessoal: na confrontação com o Absoluto, no seguimento de um caminho que os parágrafos do código moral comum e os guardiães da lei condenam. E, apesar disto, o indivíduo sente que talvez nunca tenha sido tão fiel à sua natureza e a seu apelo mais íntimo e, consequentemente, também ao Absoluto, porque apenas ele e o Onisciente veem a situação, por assim dizer, a partir de dentro, ao passo que aquele que sentencia e condena só a vê a partir de fora.

É conhecida a famosa história do filho que chegou à maioridade. O pai o chama e lhe diz: "Agora estás com vinte anos. As pessoas comuns seguem a Bíblia e o que lhes diz o vigário. Para as pessoas mais inteligentes há o código penal". Em outras palavras: Estás colocado entre a moralidade religiosa "oficial", de um lado, e a moralidade civil, do ou-

---

5. Na liturgia da noite pascal.

tro. A decisão ética pessoal de observar ou não a lei moral na consciência da liberdade criadora começa no instante em que tua própria consciência ética se chocar com as duas. Posso, por exemplo, chegar a uma situação em que devo mentir para guardar o segredo médico. Seria uma frivolidade de minha parte fugir desta exigência, sob o pretexto de que sou um indivíduo "moral". Para o diabo com este autorrespeito.

Digo isto para ilustrar minha atitude prática. Não acho que minha missão seja discutir filosoficamente este problema. Para mim trata-se de coisas práticas. É verdade que às vezes me interesso pelo aspecto filosófico, mas não é aí que está a importância da questão. A realidade do bem e do mal consiste em fatos, em situações que acometem o indivíduo, que o dominam, que o afogam, e nas quais ele se acha como que *in conspectu mortis*, onde é questão de vida ou morte. Chamo de numinoso aquilo que me assalta com tanta força e intensidade, qualquer que seja o nome que eu lhe dê: divino, diabólico ou determinado pelo destino. Existe aí em ação algo de mais forte, de insuperável, e com isso nos defrontamos. A dificuldade consiste em que nos habituamos a pensar tais problemas, até que tudo pareça tão claro quanto "dois e dois são quatro". Mas, na prática, isto não é possível; nunca chegamos a uma solução de princípio, que seja universalmente válida. É erro querer tal coisa. Isto acontece com as leis da natureza, que acreditamos valerem universalmente. A moral tradicional é exatamente como a Física clássica: uma verdade e uma sabedoria estatísticas. O físico moderno sabe que a causalidade é uma verdade estatística. Mas, na prática, procura sempre saber que lei é válida para um determinado caso. Algo de semelhante acontece no plano moral. O indivíduo não deve enganar-se pensando que disse alguma coisa de absolutamente válido, ao emitir um juízo em uma situação prática: isto é bom, isto é mau. Não há dúvida de que muitas vezes precisamos emitir uma opinião; não podemos furtar-nos a isso. Talvez digamos até mesmo a verdade, em tal ocasião, talvez acertemos na mosca. Mas considerar nosso juízo como absolutamente válido seria um absurdo; significaria querermos ser como Deus. Mesmo quem pratica uma ação, frequentemente não penetra em sua qualidade moral mais profunda, na soma dos motivos conscientes e inconscientes que estão na raiz do fato, e muito menos o penetra aquele que julga a ação de um terceiro, vendo a partir de fora, pelo que ele mostra exteriormente, e não em seu ser mais profundo. Kant exigia, e com razão, que o indivíduo e a comunidade avançassem de uma pura "ética dos fatos" para uma "ética dos sentimentos".

A rigor, só Deus pode penetrar nos sentimentos que estão por trás de um determinado fato. Por isso, nosso juízo a respeito do que seja bom ou mau *in concreto* deve ser muito cauteloso e hipotético, e não apodítico, como se pudéssemos esquadrinhar todos os pressupostos. As concepções morais muitas vezes divergem tanto umas das outras, quanto o gosto pelos petiscos entre os esquimós e em nosso meio.

Alguém poderá acusar-me de que o meu ponto de vista seja extremamente empírico, mas precisamos dele para encontrar uma solução. Deparamo-nos com um estranho duplo efeito ao observarmos a maneira pela qual se comportam as pessoas que se sentem confrontadas com uma situação que é preciso avaliar sob o ponto de vista ético. Estas pessoas se dão conta não somente de sua inferioridade moral, como também, e automaticamente, de seus aspectos bons. Elas afirmam, com razão: "Afinal não sou assim tão repelente". Colocar uma pessoa frente à frente com sua sombra implica também mostrar-lhe seu lado luminoso. Depois que tivermos experimentado isto algumas vezes, quando nos acharmos na contingência de julgar entre os opostos, sentiremos inevitavelmente o que se entende pelo *si-mesmo* de si próprio. Quem tem a percepção, ao mesmo tempo, de sua sombra e de sua luz, contempla-se a si mesmo de dois lados e, com isto, *ocupa o centro*.

O segredo da atitude oriental é o seguinte: a consideração dos opostos ensina ao homem oriental a natureza da *mâyâ* (ilusão). É ela que confere o caráter de ilusão à realidade. Por trás dos contrários e nos contrários é que está o verdadeiramente real, que vê e abrange o *todo*. O hindu chama-o de âtman. A autorreflexão nos permite dizer: "Sou eu quem diz o que é bom e o que é mau. Ou melhor: 'Eu sou aquele *pelo qual foi dito* que isto é bom ou mal'. Aquele que está em mim e pronuncia os 'principia', serve-se de mim como expressão. Fala por meu intermédio". Isto corresponde àquilo que o homem oriental denomina de âtman, isto é, aquilo que, para o dizermos em linguagem figurada, "atravessa-me como um sopro"[6]. Mas não so-

---

6. O âtman, em sânscrito, significava originalmente sopro, respiração, o si-mesmo, e na filosofia hindu tem o sentido de alma.

mente a mim, como a todas as coisas. Não é apenas o âtman individual que me atravessa e me penetra como um sopro, mas também o âtman-purusha, o âtman universal, o "pneuma". Entre nós, o termo que costumamos empregar é *si-mesmo*, em oposição ao pequeno eu (ego). Do que acabamos de expor resulta que este "si-mesmo" não é apenas um "eu" (ego) um pouco mais consciente ou ampliado, o que se poderia entender pelas expressões "consciente de si-mesmo" ou "contente consigo mesmo". O que aqui chamamos de "si-mesmo" não se encontra somente dentro de mim, mas em todas as coisas, como o âtman, como o Tao. É a *totalidade psíquica*. Cometem um *equívoco* aqueles que me acusam de ter criado, com tal conceito, um "deus imanente" e, consequentemente, um "sucedâneo de Deus". Sou um empírico e é empiricamente que posso demonstrar a existência de uma totalidade superior à consciência. Esta totalidade superior é sentida numinosamente pela consciência, isto é, como um *tremendum* e *fascinosum*. Como empírico, só me interessa o caráter experimental desta totalidade superior que, como tal, isto é, onticamente, é um *indescriptibile*. Este si-mesmo não ocupa jamais o lugar de Deus, mas talvez seja um *receptáculo* para a graça divina. Tais equívocos se devem à opinião daqueles que sustentam que sou um homem irreligioso, que não crê em Deus e ao qual outra coisa não devem fazer senão mostrar o caminho da fé. Na história do pensamento humano observam-se repetidas tendências no sentido de não identificar o âtman como um brahman[7] concebido em termos monísticos tal como em Ramanuja que, ao contrário de Shankara, ou da bakti ioga, e de Aurobindo,[8] acredita que o hindu avançou a tal ponto na sua marcha do estágio da inconsciência para a consciência reflexa, que o seu absoluto já não pode ter o caráter de uma força cósmica meramente inconsciente e apessoal. Mas isto já não são mais questões para o empírico. Nesta qualidade, posso ao menos constatar que o homem oriental e o homem ocidental foram subtraídos do jogo da *mâyâ* ou dos contrários, graças à experiência do âtman, do "si-mesmo", da totalidade su-

---

7. Brama = a causa absoluta do ser, concebida, no pensamento hindu, na maioria das vezes como impessoal.

8. Shri Aurobindo (1872-1950), influente filósofo religioso hindu; criador da "ioga integral" que pretende, com sua orientação teísta, pessoal, voltada para as raízes e evolucionista, provocar a ruptura e a passagem para um nível de consciência universal.

perior. Ele sabe que o mundo é feito de luz e trevas. Só posso dominar este antagonismo, *libertando-me* deles pela percepção de ambos e ocupando, assim, o *centro*. Somente aí é que não estarei mais sujeito aos opostos.

Nós não temos uma ideia correta do Oriente. Disso é que se originou a pergunta jocosa: De quanto tempo precisará alguém para se libertar, se ama a Deus, e de quanto tempo, se o odeia? A resposta esperada seria, obviamente, que aquele que odeia a Deus precisará de mais tempo. O hindu, porém, responde do seguinte modo: Quem ama a Deus, precisará de sete anos e quem o odeia, precisará de três. Porque, se odeia a Deus, pensará muito mais nele! Que impiedade sutil! Mas isto é absolutamente correto, quando sabemos o que o interlocutor nos quer dizer.

Esta história faz-me lembrar de algo que vi no Ceilão. Assisti à cena de dois camponeses que se encontraram, com seus carros, numa viela estreita. Pensem no que teria acontecido aqui na Suíça, onde o povo é muito fértil em matéria de desaforos. Mas eis o que aconteceu no Ceilão: fizeram uma inclinação profunda, uma para o outro, e disseram: "Distúrbio passageiro! Nenhuma alma (anatman)". Isto é: esta perturbação aconteceu só exteriormente, no espaço da prisão do *mâyâ*, e não no espaço da realidade verdadeira, onde ela não ocorre nem deixa vestígios. Alguém poderia dizer que isto é quase inacreditável entre pessoas tão simples. Mas isto está tão dentro daquelas pessoas, que essa atitude é inteiramente natural para elas. Richard Wilhelm presenciou uma cena parecida. Viu dois "riksha-boys" (puxadores de riquixa) que discutiam acaloradamente entre si. Era uma terrível batalha verbal. Wilhelm pensou consigo: Agora mesmo eles vão se agredir e esmurrar, e ainda vai correr sangue. Um deles já saltava e avançava sobre o outro – mas passando por ele, continuou até o carro deste e deu-lhe um pontapé na roda – e com isto ficou encerrada a discussão. Eu mesmo vi crianças que discutiam avançarem umas contra as outras, de punhos cerrados, mas os punhos pararam no ar, a alguns centímetros do rosto do adversário. E nenhum deles sofreu dano algum. Isto é decorrência da educação dada àquelas crianças. Estávamos no Ceilão, onde ainda impera o budismo antigo. É a educação transformada em hábito, e isto não constitui um mérito propriamente dito.

Agora, minhas senhoras e meus senhores, há alguém que deseja fazer alguma pergunta? (Alguém pergunta a respeito do "diabo", de sua realidade específica correspondente aos dias de hoje, pois é evidente que cada época tem o "seu" diabo.)

O diabo de nossos tempos é algo de verdadeiramente terrível! Se nos empenharmos numa visão geral da situação de hoje, não podemos prever o que poderá acontecer. O progresso continuará com sua marcha inevitável. Todas as forças divinas da criação serão pouco a pouco colocadas nas mãos do homem. Com a fissão nuclear produziu-se algo de colossal, monstruoso, que foi entregue ao poder do homem. Quando Oppenheimer presenciou o primeiro teste atômico, lembrou-se das palavras do Bhagavadgîtâ: "[...] mais claro do que mil sóis". As forças que mantêm o mundo unido e coeso ficarão nas mãos do homem: este chega até mesmo a pensar em um sol artificial. Forças divinas caíram em nossas mãos, em nossas frágeis mãos humanas. É impossível imaginar o que isto representa. Trata-se de potências que, em si, não são boas nem más. Mas nas mãos do homem convertem-se num perigo terrível, nas mãos do homem mau. E como pretender que o mal não seja uma realidade, no mundo que podemos experimentar a qualquer momento, num mundo que está aí, real, em primeiro plano, palpável, diante de nossos olhos? O mal é uma realidade terrível! E ele o é em cada vida individual. Se alguém acha que o *princípio* do mal é real, pode também chamá-lo de diabo. Pessoalmente, tenho dificuldade em considerar a ideia da *privatio boni* (privação de um bem) ainda como válida.

(Uma pergunta de caráter prático: O que o terapeuta deve fazer: indicar ao paciente uma maneira de conviver com o mal, ou induzir o paciente a encontrá-la por si mesmo?)

O senhor me tenta a dar uma *regra*. De minha parte, prefiro dar um conselho: Faça tanto uma coisa como outra, e em tais casos aja como terapeuta, não partindo de um *a priori*, mas com o ouvido atento para aquilo que a situação concreta exigir. Seja este o seu único *a priori*. Tomemos, por exemplo, o caso de um paciente ainda inconsciente ao qual não *podemos* explicar seus problemas. O paciente ainda se identifica, como o psicótico, com o seu inconsciente e se inclina a considerar o médico como maluco, ignorando sua própria situação interior. Diga, por exemplo, a uma mãe totalmente inconsciente, a uma Kali Durga[9] que se considera a melhor das mães do mundo, que ela está com a neurose da filha mais velha e o casamento da filha mais nova na consciência – e você verá o que pode suceder! E com isso não se ajuda a paciente. Primeiramente é necessário que alguma coisa brote nela, a partir de dentro. Outro paciente já alcançou um determinado grau de consciência e espera uma orientação de sua parte. Neste caso, seria um grave erro não manifestar a ele sua atitude. É preciso dizer-lhe o que é certo, no momento certo e no lugar certo.

Não se deve tratar um paciente simplesmente como um ser de natureza inferior, que está ali deitado sobre um sofá, enquanto o médico fica sentado atrás, como um deus, e só de vez em quando diz uma ou outra palavra. Também é necessário evitar tudo quanto possa ser sugestão de alguma doença. De qualquer modo, o paciente tende, para esta direção, e prefere refugiar-se na doença: "agora não tem mais jeito; agora devo ficar mesmo de cama; agora estou doente, e acabou-se". A enfermidade é também uma espécie de tentação de querer, afinal, resolver os problemas da vida. "Agora estou doente; é a vez do médico me ajudar!" Como terapeuta, não posso ser ingênuo. É preciso tratar o doente como pessoa normal – diria mesmo como parceiro – caso não esteja prostrado. Isto lhe proporciona uma base sadia a partir da qual é possível começar o tratamento. Muitas vezes as pessoas me procuram na esperança de que eu me manifeste como um mago da medicina. Depois se sentem frustradas, porque as trato como pessoas normais e me comporto como pessoa normal. Uma paciente que me procurou só via, no consultório de seu médico anterior, o "deus silencioso" atrás de seu sofá. Quando comecei a falar com ela, disse-me, atônita e quase apavorada: "Mas o senhor externa afetos, externa até mesmo suas opiniões!" É evidente que eu tenho afetos e os mostro também. Nada me parece mais importante do que isto: É necessário considerar cada pessoa realmente como pessoa e tratá-la, por conseguinte, segundo sua própria índole. É por isto que digo aos jovens terapeutas: Aprendam o que há de melhor, conheçam o que há de melhor, mas se esqueçam de tudo, quando se acha-

---

9. Figura simbólica hindu do arquétipo da terrível mãe devoradora [N.E.].

rem diante do paciente. Não há bom cirurgião só pelo fato de ter aprendido de cor o seu manual. Estamos diante do perigo de que a realidade seja substituída, em nossos dias, pelas palavras. Isto nos leva àquela terrível ausência dos instintos no homem de hoje, principalmente no homem urbano. Falta-nos o contato com a natureza em seu estado puro, a natureza viva e palpitante. Só sabemos o que é um coelho ou uma vaca pelas revistas ilustradas, pelas enciclopédias, ou através da televisão, e depois pensamos que os conhecemos realmente; mais tarde, porém, ficamos espantados ao verificar que os estábulos "fedem" porque isto não estava nas enciclopédias. Ocorre algo de semelhante nos diagnósticos dos enfermos. Sabe-se que sua doença foi tratada pelo autor X, no capítulo 17, e pensa-se, a seguir, que o principal foi feito, enquanto o pobre doente, infelizmente, continua a sofrer.

Fala-se muitas vezes em "dominar" o mal. Temos, então, a capacidade de dominá-lo? Em primeiro lugar é preciso lembrar que o mal e o bem consistem unicamente no juízo que emitimos numa determinada situação; ou, em outras palavras, é preciso lembrar que certos princípios se apossaram de nosso julgamento. Em segundo lugar, muitas vezes não se pode falar em um domínio do mal, da nossa parte, porque nos achamos numa situação em que não somos livres, ou numa aporia, isto é, numa situação em que nenhuma das escolhas possíveis é boa. O importante é sentir que nos encontramos em uma situação numinosa, cercados de Deus por todos os lados, pelo Deus que pode ocasionar o Uno e o Outro, como de fato ocasiona. No Antigo Testamento são numerosos os exemplos neste sentido. Ou então lembremos Teresa de Ávila, a quem aconteceu uma desgraça durante uma viagem: quando atravessava um riacho, despedaçou-se a carruagem em que viajava e ela caiu n'água. "Senhor, como deixais acontecer uma coisa dessas?" – "Pois é assim que eu trato meus amigos". "Ah! então é por isso que tendes tão poucos". Teresa se encontrava numa situação em que se via diante de um mal físico, sem saber como "enquadrá-lo", sentindo ao mesmo tempo a imediata presença de Deus. O homem se vê colocado precisamente diante dos "principia" de "potências originais" que o colocam em uma situação numinosa em que não existe uma solução puramente racional: o homem não se sente como "autor" e senhor da situação, mas percebe que seu autor é Deus. Ninguém é capaz de prever o que poderá acontecer então. Muitas vezes não temos condições de dizer como será resolvido o problema do bem e do mal em situações como essas. Encontramo-nos à mercê de forças superiores.

Talvez eu diga, se encontrar-me diante deste problema no decorrer de uma análise: "Agora esperemos, com calma, para ver o que os sonhos vão dizer, ou se forças superiores vão interferir por meio de uma doença ou falecimento...; de qualquer maneira, não decida imediatamente. Você e eu, como sabemos, não somos Deus".

No processo de conscientização da sombra precisamos estar bem atentos para que o inconsciente não volte a pregar-nos uma peça e não ocorra, ao mesmo tempo, uma verdadeira confrontação com a sombra. Pode acontecer que um paciente veja, por um instante, o seu lado tenebroso, mas pense também, nesse mesmo instante, que nem tudo é assim tão ruim; trata-se de bagatelas... Ou então pode ocorrer que um paciente exagere seu arrependimento, porque, evidentemente, é maravilhoso termos um arrependimento assim tão "belo", saboreá-lo como um edredon quentinho numa manhã fria de inverno, quando o momento seria de aguentar a situação. Esta falta de sinceridade, este não querer ver as coisas fazem com que não se chegue a uma confrontação com a sombra. Mas se isto ocorresse, o que é bom e positivo também viria à tona à medida que se desse a conscientização. Precisamos, portanto, estar atentos para o perigo que consiste na tentação de nos entregar a certos afetos tais como o arrependimento e a melancolia, etc., coisas muito sedutoras. É evidente que pode haver alguém capaz de gabar-se de tais sentimentos. Por isto é que certas pessoas gostam de peças teatrais, de filmes ou de pregadores que os comovam até às lágrimas, porque nestas ocasiões saboreiam a própria comoção. No decorrer de nossa conversa pronunciamos, uma vez, a palavra "esotérico". Afirma-se, por exemplo, que a psicologia do inconsciente conduz a uma ética esotérica. Mas é preciso que sejamos cautelosos diante desta palavra. Esoterismo significa o mesmo que ciência secreta. Mas não conhecemos os verdadeiros segredos, nem tampouco os conhecem os chamados esotéricos. Os esotéricos não deviam revelar seus segredos, pelo menos nos primeiros tempos. Mas os verdadeiros segredos não podem ser revelados. Também não podemos fazer "esoterismo" com os verdadeiros segredos, precisamente porque não os conhecemos. Na maioria das vezes, os chamados segredos esotéricos são segredos fictícios e não reais. O homem sente uma necessidade de ter segredos, e como não tem ideia de quais sejam os verdadeiros segredos, fabrica segredos artificiais para si mesmo. Mas os verdadeiros segredos irrompem, surgindo das profundezas do inconsciente, com tal intensidade que talvez ele revele, então, coisas que deveria manter em segredo. Vemos aí, mais uma vez, o caráter numinoso da realidade que está no pano de fundo. Não somos nós que possuímos os segredos; são os verdadeiros segredos que nos possuem.

3. Sobre o problema do símbolo do Cristo*

Esqueçamo-nos, de uma vez por todas, da dogmática e prestemos ouvidos ao que a psicologia tem a dizer sobre este problema: Cristo está muito longe de ter perdido a sua validade enquanto símbolo, embora só represente um lado do si-mesmo, e o diabo o outro. Este par de contrários – Cristo-diabo – acha-se contido originalmente no Criador e atua, como diz Clemente Romano, como sua mão direita e sua mão esquerda. Psicologicamente, a experiência de Deus enquanto Criador representa a percepção de um impulso suprapoderoso que brota do inconsciente. Não sabemos se esta atuação suprapoderosa deve ser classificada como boa ou má, embora não deixemos de aplaudi-la ou amaldiçoá-la, de dar-lhe um nome bom ou mau, dependendo de nossa atitude subjetiva. Javé, por exemplo, encerra os dois aspectos, porque é essencialmente criador (*primus motor*), e porque toda a sua natureza é ainda irreflexa.

Com a *Encarnação* o quadro se altera por completo, na medida em que Deus se manifesta sob a figura do homem que é dotado de consciência e que por esta razão não pode se eximir de julgar. Ele deve dizer o que é bom e o que é mau. É fato histórico que o diabo só se tornou propriamente real com o aparecimento de Cristo. Embora Cristo seja essencialmente Deus, enquanto homem Ele se acha separado de Deus. E foi também na medida em que Ele (Cristo) estava se-

---

*De uma carta dirigida a um padre católico, 1953. Traduzido do Inglês por Aniela Jaffé.

parado de Deus, isto é, enquanto homem, que Ele viu o diabo cair do céu, expulso por Deus (Lc 10,18). Chegou mesmo a confessar, em seu extremo desamparo na cruz, que Deus o havia abandonado. O Deus Pater deixara-o entregue à própria sorte, da mesma forma como castiga todos aqueles que antes cumulara com a abundância de seus favores, rompendo, deste modo, a sua promessa. É isto, precisamente, o que João da Cruz descreve como a "noite escura da alma". É o reino da escuridão, que também é Deus, mas que, para o homem, representa uma dura provação. A divindade possui duplo aspecto. Segundo Mestre Eckhart Deus não é feliz em sua pura divindade, e esta é a razão da sua Encarnação.

Mas, tornando-se homem, Deus torna-se também um ser definido, determinado, este aqui e não outro. Por isto a primeiríssima coisa que Cristo tem de fazer é separar-se de sua sombra e chamá-la de "diabo". (Os gnósticos de Irineu também já sabiam disto!)

Hoje em dia, quando um paciente está prestes a emergir de seu estado inconsciente, a primeira coisa que lhe acontece é ser confrontado com sua sombra, e ele deve escolher o bem; caso contrário estará irremediavelmente perdido. "Nolens volens", ele "imita Cristo" e lhe segue o exemplo. O primeiro passo a ser dado no caminho que leva à individuação consiste em distinguir entre si próprio e sua sombra.

Nesse estágio, o bem é o objetivo da individuação, e nele o Cristo representa o si-mesmo.

O problema que vem logo a seguir é o da *confrontação com a sombra*: Se alguém lida com a escuridão, deve agarrar-se ao bem; caso contrário, será tragado pelo demônio. Quando alguém tem de conviver com o mal, e principalmente então, precisa muito das próprias forças. Importa, antes de tudo, manter acesa a luz em meio à escuridão; e é somente aí, ou seja, na escuridão, que a luz tem um sentido.

Quantas pessoas poderiam dizer, com alguma sinceridade, que deram cabo do demônio, e por isto poderiam desfazer-se do símbolo cristão?

Na realidade, nossa sociedade nem sequer começou a encarar de frente a sombra ou a desenvolver aquelas virtudes cristãs tão dolorosamente necessárias quando se tem de conviver com os poderes das trevas. Nossa sociedade não pode, em absoluto, permitir-se o luxo de renegar a "imitatio Christi", nem mesmo sabendo, eventualmente, que a *confrontação com a sombra*, vale dizer, de Cristo *versus* satanás, constitui apenas o primeiro passo no caminho que leva à meta longínqua da união destes contrários em Deus.

Corresponde, no entanto, à verdade, o fato de que é precisamente a "imitatio Christi" que conduz o homem ao seu próprio *conflito com a sombra*, conflito este muito real e *semelhante ao de Cristo*. Quanto mais o homem se acha enredado nesta luta e nas tentativas, secundadas pela anima, de restabelecer a paz, tanto mais claro se lhe torna o pressentimento daquilo que está para além dos limites do *éon* cristão, ou seja, o pressentimento da *unidade do Espírito Santo*. *Trata-se do estado pneumático que o Criador atinge através do processo da Encarnação*. Psicologicamente, este estado pneumático representa a experiência do homem que experimentou a supressão total de seu ego através da mais aguda oposição que se acha retratada no símbolo de Cristo *versus* satanás.

O *status* do Espírito Santo implica o restabelecimento da unidade primordial do inconsciente, mas, agora, no plano da consciência reflexa. É a isto que se refere, a meu ver, o *lógion* de Cristo: "Sois deuses" (Jo 10,45). Mas este estado é ainda inteiramente ininteligível para nós. É pura antecipação.

A futura transição do *éon* cristão para o *éon* do Espírito Santo foi denominada de *Evangelium Aeternum* por Joaquim de Fiori, e isto numa época em que apenas começara o grande dilaceramento nos pares de opostos. Uma visão deste tipo parece ser concedida, pela graça divina, como uma espécie de *consolamentum*, para que o homem não fique entregue ao desamparo total da escuridão. Historicamente, achamo-nos agora num estado de escuridão. Ainda nos achamos no interior do *éon* cristão e apenas começamos a perceber a era da escuridão na qual precisaremos, ao máximo, das virtudes cristãs.

Em um momento como este não podemos, em absoluto, rejeitar Cristo como um símbolo sem valor, embora pressintamos claramente a chegada de seu contrário. Ainda não vemos ou sentimos esta chegada como prelúdio de uma futura união dos contrários, mas como ameaça a tudo aquilo que nos parece bom, belo e santo. Mas o símbolo cristão do si-mesmo não é desvalorizado com o *adventus diaboli*.

Pelo contrário: é completado por ele. Opera-se em ambos uma transformação misteriosa.

Como vivemos numa sociedade que não tem consciência de sua evolução e ainda está muito longe de entender o significado do símbolo cristão, vemo-nos diante da tarefa de agir contra a desvalorização deste último. Temos a obrigação de o fazer, embora a alguns de nós tenha sido concedido a visão de uma futura evolução. Mas nenhum de nós poderá dizer, com plena certeza, que efetuou a assimilação e a integração da sombra.

Como a Igreja cristã é a comunidade de todos aqueles que se submeteram ao princípio da *imitatio Christi*, esta instituição (ou seja, esta atitude espiritual) deve ser mantida, até que se entenda claramente o verdadeiro significado da sombra. Aqueles que olham para o futuro devem ainda – na situação em que as coisas estão – permanecer por trás de sua visão, para ajudar e ensinar os demais.

Pouco importa se as instâncias eclesiásticas aprovam ou não a visão. Quando se cumprir o tempo, irromperá inevitavelmente uma nova atitude, como tivemos ocasião de ver com a *Conceptio Immaculata* e a *Assumptio*, que divergem, ambas, dos princípios tradicionais da autoridade apostólica – coisa inconcebível em épocas anteriores. Seria irresponsabilidade e autoerotismo, de nossa parte, se pretendêssemos privar nossos semelhantes de um símbolo de importância vital para eles, sem que tivessem primeiramente uma chance de compreendê-lo, e isto só porque este símbolo não é completo. Só é incompleto se o contemplarmos de um ponto de vista antecipado, que nós mesmos ainda não realizamos em nossa vida individual.

Como não existe, porém, apenas a grande multidão, mas também os poucos, cabe a alguém a missão de olhar para o futuro e falar sobre coisas futuras. Esta é, em parte, também minha tarefa, mas devo agir com muita prudência, para não destruir o que ainda está de pé. Ninguém será tão idiota ao ponto de querer destruir os alicerces, quando está construindo um andar superior em sua casa. E como poderia realmente construí-lo, se primeiramente não tivessem sido lançados cuidadosamente os fundamentos? Por conseguinte, ainda que eu constate que Cristo não é um símbolo perfeito do si-mesmo, não é rejeitando-o, que eu posso torná-lo perfeito. Devo conservá-lo, juntando a escuridão ao *lumen de lumine* (luz da luz), para construir o símbolo da oposição perfeita em Deus. É assim que me aproximo do *éon* final cristão e me aposso da antecipação de Joaquim de Fiori, bem como da predição de Cristo sobre o Paráclito. Este drama é arquetípico e, ao mesmo tempo, estranhamente psicológico e histórico. Vivemos em uma época de cisão mundial e de desvalorização de Cristo.

Mas a antecipação de um futuro longínquo não representa de forma alguma uma saída para a situação atual. É um mero *consolamentum* para aqueles que se desesperam em face das pavorosas possibilidades do presente. Cristo é ainda o símbolo válido. Somente Deus pode desvalorizá-lo mediante o Paráclito.

4. Sobre o livro *Resposta a Jó*[1] (1)

Eu gostaria de ter evitado os sarcasmos e as zombarias, mas não o consegui, pois foi assim que os senti, e se não o dissesse teriam ficado ocultos, e a coisa se tornaria pior. Só depois é que percebi que são necessários como manifestações de resistência contra a natureza divina que, por sua vez, contrapõe-se a nós. Precisei, por assim dizer, desvencilhar-me de Deus, para descobrir aquela unidade que Deus procura por intermédio do homem. Talvez seja este o significado da visão de Simeão, o Teólogo, que procurou Deus por todos os lugares do mundo, até que Ele surgiu como um pequeno sol em seu coração. Onde é que a antinomia divina poderia encontrar a unidade a não ser naquilo que Deus preparou para si, com tal finalidade? Parece-me que só o indivíduo que procura realizar seu ser humano cumpre a vontade de Deus, e não aquele que foge do fato desagradável que se chama "homem", e retorna antes do tempo ao Pai ou mesmo nunca abandonou a casa paterna. Parece-me que a Encarnação é a aspiração de Deus em nós.

Evidentemente, o sarcasmo não é uma bela qualidade, mas, para me desligar do Pai, fui obrigado a usar de meios que seria preferível rejeitar. O próprio Deus precisa de diversos meios para despertar seus homens para a consciência reflexa. É de esperar-se que eles não se tenham esquecido do que aconteceu na Alemanha e continua a

---

1. De uma carta dirigida a um teólogo protestante, 1951.

acontecer, dia após dia, na Rússia. O sofrimento de Jó jamais cessa; pelo contrário, aumenta milhares e milhares de vezes. Não posso ignorar este fato. Se permanecer junto ao Pai, eu lhe recuso o homem ao qual Ele poderia unir-se, e qual a melhor maneira de ajudá-lo, senão a de me tornar, eu próprio, uno? (Nunquam unum facies, nisi prius ex te ipso fiat unum[2].) É evidente que Deus não escolhe para filhos aqueles que ficam presos a Ele, como Pai, mas sim àqueles que tiveram o ânimo de se manter sobre os próprios pés.

O sarcasmo é o meio que usamos para dissimular a nós mesmos, nossos sentimentos ofendidos, e por aí se pode ver o quanto me feriu o conhecimento de Deus e quanto eu teria preferido permanecer criança sob a divina proteção, evitando a problemática dos contrários. Talvez seja muito mais difícil libertar-se do bem do que do mal. Mas, se não existe o pecado, também não existirá libertação em relação ao bom Pai. É neste caso que o sarcasmo desempenha o papel que lhe corresponde. Como aludo no dístico[3]: "Doleo super te" (Tenho pena de ti), pesa-me sinceramente ter de ofender sentimentos que merecem reconhecimento. A este respeito, tenho não poucas dúvidas a vencer. Quanto ao restante sou eu o merecedor de pêsames em relação à esmagadora maioria. Qualquer evolução e qualquer mudança para melhor são sempre dolorosas. A Reforma, justamente, é quem melhor poderia dizê-lo. Mas se ela, por sua vez, passa também a precisar de reforma, então a coisa já é bem diferente. É desta ou daquela maneira que devemos colocar com franqueza determinadas questões e respondê-las. Senti que meu dever era provocar estímulos nesse sentido.

5. Sobre o livro *Resposta a Jó*[1] (2)

Para mim a religião é um tema de primeira ordem. É por esta razão que tomo sobre mim qualquer *odium* (ódio) de que é objeto o crítico de algum domínio-tabu. Por isso é que perturbo também o sono dos justos que não querem dar-se ao incômodo de despertar de seu subjetivismo, de seu papel de pregadores e de sua irresponsabilidade

---

2. Nunca chegarás à unidade, se não te tornares uno [N.T.].
3. É o dístico que encima a introdução do autor à *Resposta a Jó* [N.T.].
1. De uma carta dirigida a uma teóloga protestante, 1952.

perante as exigências do tempo. Talvez valesse a pena esforçar-me por tornar o cristianismo compreensível aos estudiosos de hoje, e não deixar esta tarefa urgente entregue ao psiquiatra. É tendo isto em vista que exponho, em meu livrinho[2] aquilo que um contemporâneo poderia, com sua reflexão, extrair da tradição cristã. Esquecemos o orgulho confessional que se considera o dono único da verdade e continua incubando os germes do cisma na cristandade, e voltemo-nos para a única pergunta importante: *Qual o valor da religião?*

6. Texto resumido sobre a primeira edição de *Resposta a Jó*, 1952

Este não é um livro "científico", mas uma confrontação com o universo das concepções cristãs tradicionais, motivada pelo escândalo que o novo dogma marial provocou. São reflexões de um médico e teólogo leigo que teve de responder a muitas questões sobre temas religiosos e que, por conseguinte, se viu forçado a considerar o sentido das concepções da fé sob um ponto de vista especial e extraconfessional. A razão destas questões se encontra, em última análise, nos eventos da época: a mentira, as injustiças, a escravidão e os assassinatos em massa inundaram não somente grande parte da Europa, como continuam a dominar extensas regiões da terra. Que nos diz um Deus bondoso e todo-poderoso a este respeito? Esta é a pergunta desesperada colocada milhares de vezes, com a qual este livro se ocupa.

7. De uma carta a um teólogo protestante

O que me admira, em seu artigo[1], é sua coragem, sua hombridade e sua sinceridade, qualidades estas cuja falta quantas vezes não sentimos dolorosamente e que são de importância vital e absoluta para o "protestantismo" (entendido aqui no melhor sentido deste termo infeliz). É claro que seria inteiramente errado se a "Igreja reformada" pretendesse agir, sob qualquer aspecto, como a Igreja Ca-

---

2. Trata-se de *Resposta a Jó* [N.T.].
1. Crítica de E. Aeppli, *Begegnung mit dem Traum*. Dezembro de 1943.

tólica. Esta última é detentora da riqueza de toda uma tradição, enquanto a primeira é pobre, e deve mesmo ser pobre, pois tem de perder constantemente tudo o que é de ontem, para poder viver num espírito de contínuo testemunho, que é o seu verdadeiro fundamento. O que deixa para trás é sempre o "Katholikon" e o que encontra pela frente é a presença de Deus em cada indivíduo vivo, o único lugar onde Deus sem dúvida alguma pode ser encontrado. Se ela não for uma *ecclesia spiritualis*, não passará de uma reminiscência católica, que, entretanto, tem muita coisa a seu favor, pois caso contrário tantas pessoas não poderiam ser saciadas apenas com a *anamnesis*. Parece-me que seu sentido supremo e exclusivo consiste no fato de viver no e com o espírito criador, de cuja aventura, tragicidade, perigo e triunfo ela partilha. A Igreja Católica efetua, de modo superior, a codificação das reminiscências e a orientação no sentido de História... A conservação de tanta coisa do paganismo antigo é de valor inestimável. Por esta razão, ela é a Igreja *cristã par excellence*. Entretanto, a confissão de fé no Espírito Santo transcende o Cristo (pelo que eu peço, polidamente, muitas desculpas) e, por isso, ao que me parece, muito mais útil para alcançar aquela salvação (que ainda não se processou), do que esta recordação retrospectiva do Homem-Deus prefigurativo que, na realidade, era um precursor do Paráclito[2]. É este quem constitui verdadeiramente a revelação de Deus nos indivíduos, verdadeiros homens e nada mais do que homens.

8. Carta a *The Listener*. Janeiro de 1960[1]

Grande parte das cartas que tenho recebido se preocupa principalmente com a minha afirmação de que conheço Deus. Minha opi-

---

2. Cf. Jo 14.
1. C.G. Jung escreveu esta carta por causa de uma entrevista que ele deu à BBC, de Londres, na qual, ao ser interrogado se acreditava em Deus, respondeu: "Não preciso acreditar em Deus; eu sei". Tendo sido solicitado, repetidas vezes, a explicar o sentido desta sua afirmação, ele concordou em publicar a presente carta em *The Listener* [No prefácio ao volume II da Obra Completa, em alemão, os editores reproduzem a expressão em inglês: "I do not believe, I *know*", que poderíamos traduzir por: "Não creio; conheço" – N.T.].

nião a respeito do "conhecimento de Deus" se fundamenta em uma maneira de pensar que nada tem de convencional, e eu compreendo, sem dificuldade, que alguém venha me dizer que não sou cristão. E apesar de tudo considero-me cristão, porque me baseio simplesmente em concepções cristãs. Só que procuro fugir às suas contradições, esforçando-me por manter uma atitude de modéstia que leve em conta o imenso lado da psique humana ainda não investigada. A ideia cristã – como, de resto, também o Budismo – mostra-nos sua vitalidade por sua evolução constante e permanente. Nossa época, evidentemente, exige concepções realmente novas, sob este aspecto. Não podemos mais pensar em termos antigos ou medievais, quando se trata da esfera da experiência religiosa.

Eu não disse, na entrevista: "Há um Deus", mas: "Não preciso *crer* em Deus; eu *sei*". Isto não quer dizer: Sei que há um determinado Deus (Zeus, Javé, Alá, o Deus trinitário), mas antes: Sei que me acho claramente confrontado com um fator desconhecido em si e ao qual denomino "Deus", in *consensu omnium* (*"quod semper, quod ubique, quod ab omnibus creditur"*)[2]. É nele que penso, é por Ele que chamo, todas as vezes que invoco seu nome, nos momentos de medo ou de raiva, todas as vezes que digo espontaneamente: "Ó Deus!"

Isto acontece todas as vezes que encontro alguém mais poderoso do que eu. É um nome apropriado para todas as grandes emoções que ocorrem em meu próprio sistema psíquico e que dominam minha vontade consciente, apoderando-se do controle sobre mim mesmo. É por este nome que designo tudo o que se atravessa, de forma violenta e desapiedada, o itinerário por mim traçado; tudo o que subverte minhas concepções subjetivas, meus planos objetivos, e interfere no curso de minha vida, seja para o bem seja para o mal. Seguindo a tradição, chamo "Deus", e um "Deus pessoal", à força do destino, tanto sob o aspecto positivo como sob o aspecto negativo, na medida em que sua origem se situa fora de meu contrário; é a mim mesmo que o meu destino expressa em primeiro lugar, máxime quando me vejo diante dele, que me fala sob a forma da consciência moral, como

---

2. No *consenso de todos* ("o que se acreditou foi aceito sempre, em toda parte e por todos") [Versão do T.].

uma *vox Dei* com a qual posso até mesmo me entreter e discutir. (Nós agimos e sabemos, ao mesmo tempo, que estamos agindo; somos simultaneamente sujeitos e objetos.)

Mas eu consideraria uma falta de compostura intelectual embalar-me na crença de que a ideia que tenho de Deus coincide com a do Ser Supremo universal e metafísico do credo religioso ou das "filosofias". Longe de mim hipostasiar esta potência, ou de atrever-me a qualificá-la como um "Deus que só pode ser bom". Somente minha experiência pode ser boa ou má. Sei, entretanto, que a vontade superior se apoia em uma base que transcende toda e qualquer concepção humana. É *sabendo* da existência do confronto com uma vontade superior em meu próprio sistema psíquico que *eu conheço a Deus*, e mesmo que eu pretendesse ousar a hipostasiação, em si ilegítima, de minha concepção, ainda assim diria que conheço um *Deus que está situado além do bem e do mal* achando-se também em mim e fora de mim e por toda parte. "Deus est circulus cuius centrum est ubique, cuius circumferentia vero nusquam"[3] (cf. § 92 e 229 deste volume).

9. Sobre o livro Die Reden Gotamo Buddhos (*Sermões de Gotama Buda*)[1]

Não foi pelo caminho da história das religiões nem da filosofia que me aproximei do mundo do pensamento budista; foi o interesse profissional do médico que faz do tratamento dos enfermos psíquicos a sua principal tarefa que me levou a conhecer as concepções e o método desse grande Mestre da humanidade, cujos temas de pregação eram sobretudo o sofrimento do mundo, a velhice, a doença e a morte. Se a própria cura da enfermidade é o que ocupa, em primeiro lugar, a atenção do médico, este não pode ignorar que há também vários tipos de doença e de sofrimento rebeldes a uma cura direta, exigindo, por isto, tanto da parte de quem sofre como da parte do médi-

---

3. Deus é um círculo cujo centro está em toda parte e cuja circunferência não está em parte alguma [Versão do T.].

1. Escrito para o prospecto referente a Karl Eugen Neumann, *Die Reden Gotamo Buddhos*, 1955.

co, uma atitude perante o dado real de sua incurabilidade. Mesmo que não se trate diretamente desta incurabilidade, há, em quase todos os casos desta espécie, fases de estagnação e de desalento que parecem insuportáveis e que, por isto mesmo, exigem ser tratados como sintomas diretos, reclamando uma certa atitude moral que só uma fé religiosa ou uma convicção filosófica poderão oferecer-lhe. O estudo dos escritos budistas foram-me de não pouca utilidade sob este aspecto, mas o que eles nos proporcionam são instruções para a objetivação do sofrimento, de um lado, e para uma apreciação geral de suas causas, do outro. Da mesma forma que Buda, segundo diz a tradição, libertou, paradigmaticamente, sua consciência do envolvimento em milhares e milhares de coisas e sua vida afetiva das malhas das emoções e ilusões, graças à consideração objetiva da cadeia de causas, assim também o doente e sofredor, esfera de nossa civilização ocidental, alheia, e muitas vezes quase incomensurável, no confronto com o Oriente, pode tirar considerável proveito da doutrina budista.

Justamente sob este aspecto os sermões de Buda apresentados na versão de Neumann, são de um valor incalculável. Mesmo sem falar de seu sentido profundo, de sua forma por assim dizer ritual, isto é, de uma certa *praefatio* solene, deles promanam uma força de efeito penetrante, exaltante e arrebatador, do qual nosso sentimento dificilmente consegue subtrair-se por muito tempo. Poder-se-ia objetar, do ponto de vista cristão, contra o uso deste patrimônio espiritual do Oriente – como aliás tem sido feito com certa frequência –, uma vez que a fé do Ocidente garante um *consolamentum* no mínimo de igual importância, não havendo pois necessidade de recorrer-se ao pensamento budista, com sua atitude extremamente racional. À parte a circunstância de que não existe, na maioria dos casos, essa fé cristã de que se fala, e não é possível saber de onde se poderia recebê-la, é um fato conhecido que algo que se torna demasiado familiar e formalista pelo uso perde gradativamente o seu sentido; consequentemente, perde também sua força de ação, ao passo que algo estranho, desconhecido e de natureza totalmente diferente abrir-nos-á portas até então fechadas, e também novas possibilidades. Se algum cristão insiste tanto em sua fé que nenhuma ajuda lhe traz, nem mesmo contra uma neurose, tal fé é frívola e, neste caso, o mais aconselhável é que ele receba com humildade aquilo de que necessita, pouco importando onde o encontre, contanto que lhe seja benéfico. O cristão não precisa renegar suas convicções religiosas, quando toma emprestado elementos do budismo, pois, neste caso, estará seguindo o conselho do Apóstolo: "Omnia autem probate: quod bonum est tenete" (Examinai tudo, retendo o que for bom)[2].

Entre estas coisas boas a serem retidas se incluem, sem dúvida, muitas das doutrinas de Buda, as quais têm muito a oferecer, mesmo àquele que se gloriar de não possuir qualquer convicção cristã. Elas proporcionam ao homem ocidental possibilidades de disciplinar sua vida psíquica interior cuja ausência é lamentavelmente sensível nos seus diversos cristianismos. Por isso a doutrina budista pode revelar-se um processo valioso de educação, justamente onde a utilização dos ritos cristãos ou o controle por meio de concepções da fé se revelaram ineficientes, como acontece, frequentemente, nas perturbações psicógenas.

Acusaram-me de considerar e apreciar a religião do ponto de vista por assim dizer da "higiene mental". Que se releve à autolimitação e modéstia profissionais do médico a circunstância de não assumir o compromisso de demonstrar afirmações metafísicas ou fazer profissões de fé, limitando-se a enfatizar o valor terapêutico de uma atitude genérica em relação ao problema do sofrimento psíquico, insistindo na importância dos pressupostos de uma concepção das coisas. Um sofrimento incompreensível é, como se sabe, difícil de suportar, ao passo que é espantoso ver, com frequência, o que um indivíduo é capaz de aguentar quando entende a razão e a finalidade do seu padecimento. Os meios em tal sentido lhes são proporcionados pelos pressupostos filosóficos ou religiosos superiores de uma concepção das coisas que se revelam, por isto mesmo, no mínimo, como métodos terapêuticos de caráter psíquico, e no verdadeiro sentido deste termo. O próprio Cristo e seus discípulos não se envergonharam de curar doentes, mostrando assim a força salvadora de sua missão. O médico deve confrontar-se com o sofrimento concreto, seja para a vida seja para a morte, não vendo além senão o mistério daquela força que governa o mundo. Por isso não é de admirar-se que ele preconize certas

---

2. 1Ts 5,21.

ideias e atitudes religiosas e filosóficas como "sistemas de cura", desde que se revelem benéficas e reconheça, até mesmo em Buda, cuja doutrina tem como problema central a libertação do sofrimento mediante a evolução da consciência, um dos auxiliares mais importantes no caminho que leva à cura. É por isto que os médicos têm procurado, desde a Antiguidade, uma panaceia, uma *Medicina Catholica*, e inconscientemente se aproximaram, em grau espantoso, mercê de seus persistentes esforços neste sentido, das ideias centrais da religião e da filosofia orientais.

Qualquer conhecedor do método da sugestão hipnótica sabe perfeitamente que as sugestões plausíveis atuam mais e melhor do que as que se chocam com as disposições inatas do paciente. Por isso o médico viu-se obrigado, *nolens volens*, a desenvolver pontos de vista que correspondessem do melhor modo possível às condições psicológicas preexistentes. Daí surgiu uma esfera de pensamento que não só incorporou os dados da cultura tradicional, como também levou em conta a constelação do inconsciente que compensava a inevitável unilateralidade dessa cultura, isto é, todos aqueles fatores que a filosofia cristã deixava de considerar. Entre estes fatores se achavam não poucos aspectos que a filosofia oriental, ainda desconhecida no Ocidente, havia desenvolvido desde épocas imemoriais.

Por isso, quando reconheço, do ponto de vista médico, a ajuda múltipla que devo precisamente à doutrina budista, estou me movendo em uma linha que pode ser acompanhada cerca de dois mil anos adentro da história do pensamento humano.

Referências

ALPHIDIUS. Artis auriferae: Rosarium philosophorum. Amitâyur-dhyâna Sutra. In: MÜLLER, M. (org.). *Sacred Books of the East*. Vol. 49. Oxford: [s.e.], 1894 [Parte II. *Buddhist Mahâyâna Sutras*, p. 159-201. Trad. por Junjiro Takakusu].

BALLY, G. "Deutschstämmige Psychotherapie?" *Neue Zürcher Zeitung*, n. CLV/343, 27 de fevereiro de 1934.

BOUSSET, W. *Hauptprobleme der Gnosis*. Forschungen zur Religion und Literatur des Alten und Neuen Testaments. Göttingen: [s.e.], 1907 (Caderno 10).

BÜTTNER, H. (org.). *Das Büchlein vom vollkommenen Leben*. Jena: [s.e.], 1907.

Chândogya Upanishad. VIII, 8. In: MÜLLER, M. (org.). *Sacred Books of the East*. Oxford: [s.e.], 1879 [Parte I. *The Upanishad*, p. 1-144. Trad. F. Max Müller].

CUSTANCE, J. *Weisheit und Wahn*. Zurique: [s.e.], 1954.

DURRER, R. *Bruder Klaus. Die ältesten Quellen über den seligen Nikolaus von Flüe, sein Leben und seinen Einfluss*. 2. vols. Samen: [s.e.], 1907-1921.

FRANZ, M.-L. von. *Die Visionen des Niklaus von Flüe*. Zurique: [s.e.], 1959 [Estudos do C.G. Jung-Institut, 9].

FREUD, S. *Die Zukunft einer Illusion*. 2. ed. Verlag Leipzig/Viena/Zurique: [s.e.], 1928 [Internationaler Psychoanalytischer].

HARDING, M.E. *The Way of All Women*. Londres/Nova York: [s.e.], 1933. [Tradução alemã: *Der Weg der Frau. Eine psychologische Deutung*. Zurique: [s.e.], 1935. Introdução de C.G. Jung].

_____. *Woman's Mysteries, Ancient and Modern*. Londres/Nova York: [s.e.], 1945. [Tradução alemã: *Frauen-Mysterien einst und jetzt*. Zurique: [s.e.], 1949. Prefácio de C.G. Jung]. [Em port.: *Os mistérios da mulher*. São Paulo: Paulinas, 1985].

JUNG, C.G. Zur Psychologie der Schelmenfigur. In: RADIN; KERÉNYI, K. & JUNG, C.G. *Der Göttliche Schelm*. [s.l.]: [s.e.], 1954 (OC, 9/1).

_____. *Einführung zu* W.M. *Kranefeldt:* "Die Psychoanalyse". [s.l.]: [s.e.], 1969 (OC, 4).

_____. Der Gegensatz Freud und Jung. In: JUNG, C.G. *Seelenprobleme der Gegenwart* (Problemas psíquicos da atualidade). Zurique: [s.e.], 1931 (OC, 4).

_____. *Psychologische Typen*. Zurique: Rascher, 1921 (Reedições em 1925, 1930, 1937, 1940, 1942, 1947 e 1950 (OC, 6)).

_____. Psycologische Typologie. In: JUNG, C.G. *Seelenprobleme der Gegenwart* (Problemas psíquicos da atualidade). Zurique: [s.e.], 1931 (OC, 4). Cf. tb. *Typologie* [Edição de estudo Olten: Studienausgabe Walter-Verlag (OC, 6)].

_____. Versuch einer Darstellung der psychoanalytischen Theorie. *Jahrbuch für psychoanalytische und psychopathologische Forschungen*, V, 1931. Viena/Leipzig. In: JUNG, C.G. *Freud e a psicanálise*. Petrópolis: Vozes, 1969 (OC, 4).

_____. Zur Frage der psychologischen Typen. [s.l.]: [s.e.], 1960 e 1967. Cf. tb. *Typologie [Edição de estudo Olten: Studienausgabe Walter-Verlag. OC, 6]*

LÜ BU WE (Lü Pu-Wei). *Frühling und Herbst des Lü Bu We*. Jena: [s.e.], 1928 (WILHELM, R. (org.)).

OTTO, R. *Das Heilige*. Breslau: [s.e.], 1917.

RUSKA, J. *Tabula smaragdina:* ein Beitrag zur Geschichte der hermetischen Literatur. Heidelberg: [s.e.], 1926.

Satapatha-Brâhmana. In: MÜLLER, M. (org.). *Sacred Books of the East*, vol. XLIV. Oxford: [s.e.], 1894.

SCHAR, H. *Erlösungsvorstellungen und ihre psychologischen Aspekte*. Zurique: [s.e.], 1950 [Estudos do C.G. Jung-Institut, 2].

_____. *Religion und Seele in de Psychologie C.G. Jungs*. Zurique: [s.e.], 1946.

SCHMALTZ, G. *Oestliche Weisheit und westliche Psychotherapie*. Stuttgart: [s.e.], 1951.

STOECKLI, A. *Die Visionen des seligen Bruder Klaus*. Einsiedeln: [s.e.], 1933.

USENER, H. *Das Weihnachtsfest*. 2. ed. Bonn: [s.e.], 1911.

WHITE, V. *God and the Unconscious*. Londres: [s.e.], 1952.

WILHELM, R. *Das Geheimnis der Goldenen Blüte. Ein chinesisches Lebensbuch*. Zurique: [s.e.], 1957. [Trad. do chinês e notas de R. Wilhelm. Comentário do ponto de vista europeu de C.G. Jung, 12-14 milh.].

ZIMMER, H. *Kunstform und Yoga im indischen Kultbild*. Berlim: [s.e.], 1936.

Índice onomástico

Adler, A. 492, 496, 507, 539, 1.029
Adler, G. 1.060
Agostinho 484
Aristóteles 1.020

Bally, G. 1.016s., 1.034[5]
Baudouin, C. 1.052
Baynes, H.G. 1.052, 1.069
Bjerre, P. 1.049, 1.055, 1.068
Bleuler, E. 1.034, 1.066
Boehme, J. 470
Büchner, L. 508

Cimbal, W. 1.021, 1.036
Clemente, R. 470

Dante 468
Dubois 539
Durrer, R. 476[4], 478[7]

Eckhart, M. 1.026
Einstein, A. 1.020

Freud, S. 452, 492s., 507, 517, 531, 539s., 1.029, 1.034, 1.042, 1.062

Galilei, G. 1.020
Goethe, J.W. 47ls.
Gogarten, F. 480
Göring, M.H. 1.016[4], 1.021, 1.048, 1.055

Gundolfingen, H. 476

Harding, E. 1.052
Hoop, van der 1.048, 1.055

Janet, P. 1.034
Jung, C.G. *Zur Psychologie der Schelmenfigur* 470

Klopstock, F.G. 468
Kranefeldt, W.M. 1.060
Kretschmer, E. 1.014, 1.016

Meier, C.A. 1.036
Milton 468, 470
Morgenthaler, W. 1.060s., 1.063

Nietzsche, F. 472

Schaer, H. 449[2]
Schiller, F. 1.026
Sommer, R. 1.014[1], 1.066
Squires, H.C. 1.069
Stransky, E. 1.055
Stöckli, A. 474, 476[2,3], 478

Tabula Smaragdina 470[3]
Tertuliano 550

Wilhelm, R. e Jung, C.G. 484[9]
Wilson, T.W. 1.072
Wölflin, H. 478

Zimmer, H. 484[9]

Índice analítico

Alemanha, o alemão 1.026s., 1.064, 1.066
- "Gleichschaltung" na 1.018s.
- reviravolta (revolução) política na 1.016s., 1.034, 1.035, 1.060s.
Análise (cf. tb. psicanálise, psicologia analítica) 1.034[3], 1.072
Antissemitismo 1.030, 1.034
Ariano, parágrafo ariano 1.025, 1.034, 1.060
Arte, artista 1.020
Associação 1.034, 1.072[20]
- livre (cf. tb. Freud) 1.072[20]
Associação Médica Geral de Psicoterapia 1.014, 1.016, 1.035s., 1.048, 1.055, 1.058, 1.062, 1.068
Áustria 1.055, 1.060, 1.064
Autoridade 1.019

Bad Manheim 1.016[4], 1.035[10], 1.039, 1.055-1.059
Bolchevismo 1.019, 1.022

Charlatanice 1.062
China, chinês (cf. tb. budismo) 1.014, 1.034
Ciência, cientista 1.020s., 1.040, 1.046, 1.056s., 1.060s., 1.073
Comunismo 1.019
Concentração
- campo de 1.019
Confissão, confessional 1.036, 1.045

Copenhague 1.050, 1.055, 1.064s.
Cosmovisão 1.040s., 1.045
Cristianismo, cristão 1.026s., 1.034[8]

Direção espiritual 1.045 Doença, doente 1.040, 1.043, 1.071
- mental 1.056
- dos nervos 1.056

Educação 1.045, 1.062, 1.070
Escola freudiana (cf. tb. Freud, Sigmund; psicanálise) 1.060
Esquizofrenia, estados esquizoides 1.070
Estado 1.019s.
Europa 1.025, 1.034

Família 1.025, 1.029
Fantasia(s) 1.072[20]
Filosofia 1.020, 1.040, 1.073
Fixação 1.072[1]

Germânico, alemão (cf. tb. Alemanha) 1.014, 1.025, 1.034[8]

Hipnose, hipnotismo 1.056, 1.071
Holanda, Países Baixos 1.035, 1.048, 1.055, 1.060, 1.064

Igreja (como instituição) 1.019, 1.045, 1.070
- católica 1.045, 1.070

- Inconsciente (cf. tb. psicologia do) 1.072[20]
Indivíduo 1.025, 1.031
Instinto 1.046
- Judaísmo, judeu 1.014, 1.024s., 1.035[12], 1.060
- Medicina, medicinal 1.040, 1.062, 1.066, 1.070, 1.073
- Microbiologia 1.040
- Moral 1.041

Nacional-socialismo 1.019, 1.034
Nações 1.025, 1.031
Neurose, neurótico 1.040, 1.063, 1.069, 1.071

Pedagogia (cf. tb. educação) 1.045, 1.062
"Perda da alma" 488
Política, político 1.014, 1.016s., 1.022s., 1.034, 1.036, 1.060, 1.064
Projeção 1.065
Psicogênese 1.072[20]
Psicologia, psicológico 1.015, 1.025s., 1.034[8], 1.040s., 1.046, 1.053, 1.056s., 1.062, 1.065s., 1.070s.
- médica (cf. tb. psicoterapia) 1.040, 1.042, 1.056, 1.064, 1.070
- das raças 1.034, 1.053
- científica 1.025, 1.034
Psiconeuroses 1.056
Psicopatologia 1.040
Psicose (de massa) 1.063, 1.070

Psicoterapia 1.015, 1.017, 1.021s., 1042s., 1.055-1.059, 1.060s., 1.064-1.068, 1.069-1.073
- médica 1.064
- como ciência 1.014, 1.017, 1.040
Psique, alma 1.014, 1.022, 1.028, 1.031, 1.040, 1.046, 1.054, 1.056, 1.064, 1.073
Psiquiatria, psiquiatra 1.049, 1.056, 1.061
Psíquico(a) 1.025, 1.043, 1.057

Redução ontogenética 1.072[20]
Religião, religioso 1.020, 1.042, 1.057
Rússia, russo 1.019

Sexualidade, sexual 1.034
Sonho(s) 1.072[20]
- psicologia do 1.050
Suécia 1.035, 1.049, 1.055, 1.064
Suíça, suíço 1.026, 1.035, 1.048, 1.052, 1.054s., 1.060, 1.064, 1.072
- Associação suíça de psicologia prática 1.048
- Associação suíça de psiquiatria 1.070
- Comitê suíço de psicoterapia 1.070s.

Teologia 1.045
Terra
- como solo (chão) 1.034
- e céu 1.019